Universos en el Universo

Universos en el Universo

PAOLA SANJINEZ

authorHOUSE®

AuthorHouse™
1663 Liberty Drive
Bloomington, IN 47403
www.authorhouse.com
Phone: 1-800-839-8640

Published by AuthorHouse   10/10/2012

ISBN: 978-1-4772-2043-6 (sc)
ISBN: 978-1-4772-2042-9 (e)

La siguiente historia ha sido inspirada basada en acontecimientos de la vida real

Contenidos

Aunque existen miles de ideas, modelos, y ejemplos de vida a seguir y adoptar, pero ¿alguna de esas ideas preconcebidas y modelos existentes realmente se adapta a todos y cada uno de nosotros?

A veces el mero hecho de vivir se torna tan espeso y tan gris que buscamos desesperadamente una solución, una panacea a todo cuanto aqueja nuestros males. Luego, simplemente nos damos cuenta que el gran problema no era más que una mala jugada de nuestra percepción hacia las cosas. Finalmente terminamos por darnos cuenta que hemos perdido tanto, pero tanto tiempo preocupándonos por sobrevivir, que nos hemos olvidado completamente de vivir.

El momento en que decidimos que vamos a abandonar y olvidar el pasado y todo lo que éste ha arrastrado, para tener de una vez por todas, una vida libre y plena, es el momento en que nos encontramos frente a frente con "la verdad" impresa en cada partícula que compone al universo.

I

AMARGO DESPERTAR

No existe trago más amargo que al momento de despertar, mirar a nuestro alrededor, sintiéndonos perdidos y sin saber quiénes somos, de dónde venimos, y qué es exactamente lo que estamos haciendo aquí. De esa manera terminar por cuestionarnos a nosotros mismos: ¿Qué hacemos aquí? ¿Qué es la vida en realidad? ¿Por qué la no la comprendemos—o si lo hacemos, lo hacemos tan poco?

T odo comenzó cuando pude reunir las fuerzas y la voluntad necesarias, para de una vez por todas, tomar la decisión de dejar a un lado las trivialidades mundanas y las cosas superfluas que poco a poco se han acumulado y han tomado una forma rígida año tras año a lo largo del proceso de mi vida y de la vida en general.

Empecé por preguntarme a mí misma si realmente importan todas las cosas que hacemos a lo largo de esta vida, con el correr del tiempo, día a día y momento a momento. Me preguntaba además si todo aquello que con actos aportamos en este camino vital, pudiera ser de alguna manera considerado un acto sublime, significativo, y relevante para la vida misma y para el mero acto de vivir y estar presentes. Me preguntaba constantemente si las cosas materiales a las que día a día nos aferramos con tanto ahínco e incesante lucha realmente llegasen a significar algo en esta definición de proceso de vida, y si realmente importa tanto continuar haciendo todo aquello que siempre se hizo sin importar todo lo que ello implique y arrastre de por medio, sólo para conseguir a aquello que consideramos de una manera absoluta y sin lugar a dudas una imprescindible y venerada deidad, nuestro tesoro más preciado, ese tesoro que encabeza la lista de las listas y está por delante y encima de todo lo demás—aquello que no es más que las crecientes posesiones materiales y el abundante dinero.

Fue así cuando al voltear la página y al entrar en un nuevo capítulo del libro de mi vida, algo empezó a asaltar mis pensamientos y a envolverme totalmente en el gran manto de la duda; fue entonces cuando empecé por cuestionarme a mí misma:

¿Realmente importan los actos que realizamos en nuestro diario vivir? ¿Es que vamos a satisfacer de alguna manera a alguien o a algo haciendo lo que hacemos? ¿Y qué si pasamos la vida entera haciendo nada? ¿Es que hacer o no hacer, realmente aportan en algo significativo? Si esto fuera afirmativo, ¿a quién le importa?

En muchas oportunidades el mero hecho de "hacer" puede causar insatisfacción personal y general; el hecho de "no hacer" lo hace de igual manera. Entonces, ¿en dónde nos situamos? ¿Es que habrá un punto intermedio entre hacer y no hacer? Muchas veces he caído en las garras de la duda. En un gran esfuerzo por intentar comprender la razón del tan distinto actuar de ciertas personas en comparación con el actuar de ciertas otras. Aquellas personas quienes en su incesante dedicación y compromiso hacia la vida, quienes a lo largo del camino de sus vidas han llegado a ser considerados por la humanidad, debido a su gran aporte hacia la vida, en grandes maestros, gurús, y sabios—aquellos quienes incluso han llegado a ser santificados—todos ellos poseen ciertas actitudes y ciertas cosas en común; muchos de ellos concluyen con la liberación personal y con la decisión de dejar a un lado todas las tentaciones mundanas y todas las cosas materiales innecesarias, puesto que en un determinado recorrido de nuestras vidas, éstas pueden llegar a interferir y a estorbarnos.

Con cierta frecuencia me he preguntado por la razón y el porqué de la existencia de las tantas escrituras y de tantos textos, especialmente de los textos a los cuales los consideramos y llamamos textos sagrados, aquellos que han sido escritos por la mismísima mano de Dios. En tales libros, terminamos por ser enseñados que a la vida la tenemos en cierta forma "prestada" y que tarde o temprano todo aquello que una vez se nos ha sido dado será devuelto al creador. Entre otras cosas, somos advertidos por muchas de esas escrituras que tan sólo somos simples seres creados por un Dios superior, que venimos y estamos aquí de paso, y que además la vida en cuestión no es más que el equivalente a un camino, un camino por el cual recorrer y viajar a lo largo de nuestras vidas; tal camino es generalmente definido como un largo y pesado viaje para algunos, pero es liviano y corto para otros, fascinante y lleno de emociones para unos cuantos.

Fue así como mis pensamientos se inundaron de pura duda. Fue así como yo no he dejado, ni un solo minuto siquiera, de preguntarme reiteradas veces el porqué la vida es así. ¿Por qué existen diferencias tan acentuadas entre ser, hacer, y tener? ¿Por qué en la vida existen cosas fáciles y difíciles, y entre ellas, por qué las que son muy fáciles para algunos, son tan difíciles para otros?

Creo que nunca, ni un solo minuto, voy a dejar de cuestionarme en cuanto a lo que la vida es. ¿Es que la vida es tan fácil como el abecedario o es tan difícil como caminar por un camino lleno de espinas? ¿Es que existe impreso en algún lugar el significado del camino de la vida, el cual sea fácil de traducir—o por lo menos posible de traducir—y así de una vez por todas lograr sacarnos esta espina clavada de ignorancia que llevamos dentro acerca del verdadero significado de la vida? Porque, a decir verdad, yo no creo que el acto pleno de vivir y que la definición de vida plena como tal tengan un leve parecido a la actual vida que los seres humanos hemos decidido llevar y desempeñar día tras día.

Recuerdo alguna vez haber escuchado y leído los legados y las enseñanzas de muchos de aquellos sublimes y notables personajes, aquellos maestros, sabios, gurús, guías, y santos entre otros, mencionar grandiosos relatos acerca de la vida y del verdadero significado de la vida como tal, y sobre todo mencionar cosas increíbles, fantásticas y con un toque de magia—cosas como qué hay después de la vida, o algunas definiciones acerca de lo que la vida es; dicen que la vida es tal como un puente, un puente capaz de extenderse y ser cruzado hasta llegar hasta el otro lado.

Pero, ¿adónde? ¿Qué se supone que hacemos cuando cruzamos y llegamos al otro lado?

Muchos de ellos dicen: "La vida es un puente, crúzalo ligero, no construyas una casa encima de él; no lo obstruyas". Yo me pregunto la manera en que todas esas enseñanzas reflejadas y transmitidas por medio de todos aquellos sublimes personajes tienen el propósito de influirnos en cierta forma a dejarlo todo, absolutamente todo, y a ser libres de una vez por todas. En nuestro diario vivir cargamos tanto, pero tanto peso, que cada vez se nos hace más lento y difícil el acto de caminar y recorrer el camino de la vida. Y cuando ya casi llegamos a la meta, estamos tan agotados y destrozados que no somos capaces de ver lo que nos espera más allá, en el otro lado del puente. Como si todo lo que hacemos, todo lo que somos, y todo lo que poseemos fuese un pesado bulto con el cual nacimos decididos a cargar afanosamente por el resto de nuestros días, o es que será que en el peor de los casos, lo que nos tratan de decir aquellos sublimes personajes es que ser libres es lo más cercano y lo más parecido a ser una persona indigente, caminando por la vida sin rumbo, divagando a tientas por ahí, hasta al fin encontrar un determinado rumbo. ¿Y luego qué? ¿Qué se supone que debiéramos hacer con lo último que nos queda de fuerzas y vida?

Siempre me he cuestionado: ¿De qué manera puede alguien llegar a definir todo aquello cuanto significa y lo que en verdad llega a ser y puede definirse como total libertad? Honestamente, yo no creo que ni el más sabio de todos los sabios haya podido descubrir la dicha y tener una vida feliz, pacífica, y una vida plenamente libre en condición de simple Indigente.

Grandes personalidades, personalidades tan sublimes que van desde Jesús de Nazareth, Gautama el Buda, hasta Mahoma y muchos otros grandiosos y sublimes personajes, todos ellos hacen reverencia al espíritu y su grandeza. Ellos concuerdan en que cuando se es capaz de apartarse y dejar a un lado el vil estorbo de las tentaciones mundanas presentes en nuestra ruta de vida, tal como piedras en el camino, cuando se logre quitarlas, apartando así el estorbo de lo material y el estorbo de las banalidades superfluas presentes en nuestro cambiante mundo; únicamente de esa manera el ser humano puede llegar a obtener la plena y la total libertad, que se traduce en la tan anhelada liberación interior. Así, una vez el ser humano es liberado, dicen ellos, ya nada más lo puede llegar a afectar y apartar de su suprema plenitud; ya que una vez libre, el mundo y todo aquello que lo conforma llega a ser visto con otros ojos, llega a ser visto con los verdaderos ojos, llega a ser visto con los ojos del alma.

Muchos nos enseñan que el hombre no sólo es simple y común hombre, el hombre es más que un simple hombre, el hombre es un gran hombre, el hombre es un hombre supremo, el hombre es un súper humano; pero esto sólo sucede, ellos dicen, cuando deja a un lado sus tontas e innecesarias creencias, cuando deja a un lado sus banales y populares tradiciones, aquellas que no lo conducen a ningún lado, sus pensamientos en cierta forma ajenos a él, y sobre todo cuando se desprende de su gran dependencia material.

Ante todo esto, me pongo a pensar y puedo ver claramente que a pesar de ser conscientes de las escrituras sagradas y de los ejemplos de aquellos sublimes personajes, de aquellos sabios y santos, la gran mayoría de las personas vivimos al parecer sin perjuicios y en total contraste a todas aquellas enseñanzas.

Todo esto hace que me pregunte: ¿Quién tiene la razón?, o talvez ¿quién puede darnos un ejemplo actual, un ejemplo real y vivido, de encontrar la verdadera felicidad sin el hecho de tener que depender de las tentaciones mundanas y de las cosas materiales, y sin haber sido partícipe del sufrimiento y vivido carencia alguna? Quizá la dirección de aquellas enseñanzas se refiere a la felicidad de poseer sólo lo necesario, sin más ni menos. O es que de alguna manera ellos querían enseñarnos a no ser avaros ni a ser codiciosos, talvez a conformarnos solamente con todo aquello que la naturaleza nos da.

Me pregunto, si de alguna manera será posible que tanto un indigente como una persona quien posee sólo lo justo, sólo lo necesario para sobrevivir cada día de sus vidas, pueda ser tan feliz y vivir eternamente agradecido. ¿Es que está tan mal sentir aunque sea un poquito de ambición personal?

Por qué razón nuestros padres y educadores (al menos la mayoría de ellos) nos enseñan y transmiten el conocimiento de los libros y de las enseñanzas sagradas, la libertad y el desapego a las cosas materiales y superfluas, entre otras—pero al mismo tiempo, nos exhortan a que debemos estudiar con ahínco para ser el mejor estudiante y superar a todos los demás, obtener cierta carrera y convertirnos en el mejor profesional y superar a todos, para luego conseguir un buen trabajo, ascender a mejores puestos, formar grandes empresas y llegar a ser el mejor pagado, superando a todos, pero siempre estando bien, viviendo bien, y por supuesto ganando muy bien, incluso mejor que el resto, superando así a todos, obteniendo gradualmente más y más, incluso más que el resto de los mortales, y así, hasta lograr construir un gran imperio. ¿Quién tiene la razón entonces? ¿Quién puede darnos la última palabra y el verdadero ejemplo de lo que es vivir en libertad y convertirnos verdadera y plenamente en seres libres?

Si se llegase a construir un gran imperio, se tendría la libertad económica, y por ende la libertad de decisión, pero aún así seríamos esclavos del gran peso que implica mantener a flote tal imperio. Si por el contrario, se decidiese por la conversión en seres totalmente desapegados o indigentes, tarde o temprano terminaríamos siendo esclavos de la miseria ¿Qué hacer y en qué convertirse entonces? ¿A quién seguir? ¿A las escrituras y a las enseñanzas, o a lo que nos sugiere el entorno social?

¿Quién tiene la total y absoluta razón? ¿O es que talvez, en esta vida y en esta humanidad, todo implica libertad y esclavitud simultáneamente? ¿Es ese el punto medio?

Viendo las cosas de una manera actual y objetiva, yo no puedo creer que las personas puedan llegar a ser muy felices o muy libres, o simplemente felices y simplemente libres, viviendo ciertas carencias o viviendo por las justas día tras día. De una u otra manera, tarde o temprano, terminarían buscando algo más y algo mejor que lo que poseen. Además, es más probable que terminen siendo bastante más felices teniendo una casa propia que viviendo pagando rentas, o teniendo un vehículo a disposición que recorriendo grandes distancias caminando. Obviamente serían más felices teniendo unos buenos ingresos, siendo capaces de hacer, de ir, o de tener todo aquello cuanto queramos y necesitemos. Incluso alguien como yo podría tener un poco más de tranquilidad, un poco más de satisfacción, y teniendo todas esas cosas, probablemente llegaría a sentirme complacida. Talvez el hecho de poseer muchas cosas llegaría a ser el detonante de mi felicidad, ¿o talvez no?

Tal como andan las cosas en la actualidad, hoy en día más que nunca, pienso que es menester contar con todas las cosas materiales y con todo el dinero necesario para vivir bien—el tener una casa, el contar con un vehículo, y el tener unos buenos ingresos. Pienso que sería cosa buena; lo sería tanto para mí, como estoy segura que lo sería para el resto de las personas también. Sobre todo lo sería en esta ciudad de Bolivia en la que me encuentro, en La Paz. Lo cierto es que en esta ciudad, el no contar con un vehículo y depender del saturado transporte público, el cual es muy desorganizado, termina por convertirse en un pequeño e incontrolable infierno en el diario vivir, ya que el desorden y el caos vial en este lugar han ascendido a niveles superiores. Éste caos ha sido creado tanto por conductores como por peatones. Los conductores quienes aparentemente no conocen el significado del semáforo cuando cambia al rojo. Los muchos conductores del transporte público quienes llevando gente creen que compiten en un rally callejero. Las innumerables señales de puntos de paradas de transporte público, que tal parece no hacen más que adornar las calles, porque tanto vehículos como peatones han decidido hacer de las suyas, parando en cualquier lugar, sin importar si están tomando un bus o bajándose de él—realmente no importa tanto si se está en una calle o si se está en una avenida principal. Todo esto perjudica aún más el ya caótico e inexpugnable tráfico.

Es gracioso el hecho de tener que escuchar las interminables quejas provenientes de la misma gente, y es más gracioso aún el escucharlos preguntarse, "¿Cuándo mejorará esta situación?" Pero al mismo tiempo, verlos quejumbrosos cómo descaradamente cruzan las calles teniendo en frente a un semáforo en rojo, cómo causan caos estacionando donde claramente dice, "No estacionar". Además verlos cruzar las calles en calidad de peatones cuando un semáforo claramente indica "peligro no cruce".

Viendo las cosas así, me parece un tanto irónico el hecho de que sea tan necesario el contar con un vehículo para evitar y liberarse del caótico espectáculo vial. Pero nuevamente me pregunto, ¿esto nos liberará? Creo que la respuesta es no. De todas maneras, no somos del todo libres, puesto que caemos igualmente presas de los atolladeros vehiculares y peatonales causados por el pésimo manejo del transporte, y de la educación vial, lo cual de la misma manera nos lleva a una pérdida irrecuperable de tiempo. ¿En qué quedamos entonces, si no es en lo mismo?

Tal escena retrocede algunos años en mi memoria y me lleva a mis épocas de colegio. Recuerdo las palabras de un gran profesor de psicología llamado Frank, quien una vez dijo, "El caos y los problemas son inherentes a las personas. Una ciudad es caótica y problemática cuando sus ciudadanos lo son. Una ciudad no es más que el reflejo de la gente que la habita".

Ese gran personaje, quien pasó de ser un simple y olvidado profesor para luego terminar siendo un gran e inolvidable amigo. Frank decidió estudiar la carrera de psicología porque en aquellos tiempos el ingreso a una universidad pública para cursar una carrera en áreas como ciencias sociales o humanidades era mucho más asequible que el ingreso a una carrera de ciencias o medicina. Además, tal carrera era una carrera relativamente módica en comparación a otras. Luego de graduarse de la universidad, Frank trabajó en diferentes hospitales, hasta incluso abrió un consultorio particular. Finalmente, cansado de tratar con los locos y con los trastornados—al menos así los llamaba él—decidió simplemente observar. Él decidió salir a las calles y pasar días enteros observando a la gente y a sus comportamientos. De acuerdo con él, las consecuencias de un determinado mal comportamiento o de una mala decisión, llegarían a transformarse en el eslabón que desencadenaría una serie de perturbaciones, las cuales serían luego traducidas en algún tipo de locura.

Frank pasó un poco más de veinte años como psicólogo callejero, recorriendo las diferentes calles de los diferentes lugares del mundo, tratando y observando a las personas. Luego terminó por convertirse en profesor de colegio—en el mejor profesor, diría yo—y así, él pasó sus últimos años de vida enseñando a la gente y transmitiendo a sus alumnos más que la materia de psicología. Él nos enseñó sus propias experiencias ganadas en el campo de la vida.

Al ser consciente de la situación actual, no podía evitar recordar aquellas palabras de Frank: "El caos y los problemas son inherentes a las personas, una ciudad es caótica y problemática cuando sus ciudadanos lo son, una ciudad no es más que el reflejo de la gente que la habita".

Al presenciar el caótico espectáculo peatonal y vehicular en el centro de esta ciudad, puedo ver que evidentemente Frank tenía toda la razón. Viendo las cosas de esa manera, en cierta forma pienso que quien no es capaz de respetar desde las normas generales o las normas específicas, quien además piensa que los demás no merecen respeto, es alguien que en el fondo no cree merecer respeto alguno. De la misma manera, es evidente que quien no respeta ni a los animales, ni a la naturaleza, ni a la vida, tampoco es alguien que sienta un ápice de respeto por sí mismo. Cualquier persona que no sea capaz de sentir respeto por sí mismo es alguien que no se ama a sí mismo en lo absoluto.

Me pongo a pensar, que a los lugares tanto caóticos como desordenados, los que son tachados por los habitantes como algo "peligrosos" talvez les falte una buena dosis de amor y felicidad inyectada en la conciencia de cada uno de los habitantes de aquellos caóticos lugares.

Inmediatamente me asaltó el recuerdo de un divertido graffiti que alguna vez vi, escrito en letra mayúscula y muy resaltado. Éste estaba en alguna pared de alguna ciudad de Bolivia que alguna vez visité. Éste graffiti decía: "Esta ciudad necesita que le hagan el amor". No es que me agraden aquellos garabatos—lo cierto es que no lo hacen en lo absoluto—pero éste fue uno de los pocos garabatos que ameritaba ser leído y tomado en cuenta.

Analizando las cosas de esa manera, intento pensar en la posibilidad de que un cambio en el pensamiento y en la actitud humana hacia la vida, podría reflejarse en un cambio dentro de una sociedad entera, que llegaría a reflejarse en un cambio en un país entero, y acto seguido, en el mundo entero y en el gran enigma del universo. Me pregunto: ¿Podría esto suceder y volverse posible algún día? Talvez podría suceder pronto—o talvez en algún futuro lejano. En el peor de los casos, tal cosa no llegaría a suceder nunca. ¿Qué pasaría si de repente la humanidad comenzara a tomar conciencia total de las cosas que nos rodean y empezara a actuar acorde a ello?

§§§

Empieza a llover, primero caen unas pocas gotas de lluvia, e inmediatamente una gran tormenta se desencadena sobre la ciudad. Observo la hora en mi reloj y me doy cuenta que son ya casi las ocho de la noche; la lluvia empieza a ahuyentar a toda la gente. Todos corren como locos. Todos corren para no mojarse, corren como si estuvieran siendo perseguidos y amenazados por la lluvia, tratando de proteger sus vidas; corren hacia el refugio más cercano o hacia el primer taxi o vehículo publico disponible que encuentren.

Pero a mí no me importa—sólo es un poco de lluvia. Además, empieza el verano, y luego de muchos meses de sequía, una buena y abundante lluvia es como una bendición para la tierra y para todo lo que en ella habita y crece.

No me interesa mojarme, así que abandono el asiento donde decidí sentarme a pasar la tarde y simplemente observar cómo se mueve esta ciudad, observar a la gente que viene y que va, observar los árboles, las plantas, y las coloridas flores de este lugar, acariciar a uno que otro perro callejero que se me acerca. Mientras el tiempo pasa y la noche cae, camino bajo esta imponente lluvia nocturna, mientras me dirijo al departamento que renté temporalmente entre tanto permanezco de visita en esta ciudad.

Camino de regreso por el Paseo el Prado, situado sobre el eje vial más importante del centro de esta ciudad. Se dice que a inicios del anterior siglo, se lo conocía como Paseo de la Alameda. Desde ese entonces, se dice que ha llegado a tener muchos cambios; se situaron y quitaron imponentes monumentos. Se dice también que este paseo se destaca por formar parte de la vida cotidiana de los habitantes de esta ciudad.

Con el correr del tiempo, al rededor del paseo El Prado, se han construido los edificios más imponentes de la ciudad, pudiéndose observar una interesante mezcla de construcciones coloniales y edificios modernos, llegando a convertir al lugar en un patrimonio arquitectónico urbano.

Esta ciudad se ha expandido en su totalidad sobre el cauce de un río que hace muchos años se secó. Esta ciudad, "Nuestra Señora de La Paz" o simplemente "La Paz", se ha convertido en uno de los principales motores de la economía boliviana—además de contar con la sede de gobierno nacional. El rol designado a la ciudad de La paz desde épocas coloniales, ha terminado por convertir a esta ciudad en el principal centro económico, político, y social de Bolivia como de la región Andina, particularidad que actualmente se mantiene, además de estar catalogada como una de las ciudades más pobladas de Bolivia.

Observo detenidamente el centro, y el casco viejo de esta ciudad, el cual ha sido diseñado y edificado en base a bloques cuadrados y calles en forma lineal circundando a la plaza mayor, tal como la mayoría de las ciudades con influencia española en Sur América. Todavía conserva desde las épocas de la colonia ciertas características coloniales en diversas zonas de la ciudad. Por el crecimiento no proyectado de esta ciudad, tuvo que extenderse linealmente, siendo ésta limitada por la existencia de ríos y quebradas.

Continúo caminando mientras observo las hermosas construcciones antiguas, actualmente consideradas patrimonios urbanos de la ciudad, los bellos monumentos ubicados a lo largo del Paseo el Prado, los imponentes edificios y el simpático contraste causado por un moderno edificio que se ha construido al lado de una casona antigua.

Mientras observo tales majestuosas construcciones, me pongo a pensar en las palabras de aquellos sublimes personajes, aquellos sabios y santos quienes una vez fueron liberados de las necesidades superfluas, de las cosas materiales. Continúo preguntándome: ¿Podría alguien llegar a sentirse feliz sin contar con una casa, sin contar con un techo, más que el oscuro manto estrellado de la noche? ¿Podría alguien alguna vez llegar a sentirse feliz sin la necesidad de poseer un lugar al cual regresar luego de un largo día, un lugar en el cual acogerse al final de cada día?

No podría yo llegar a creer en ningún momento que sea tarea fácil para cualquier ser humano el hecho de estar a la deriva y restando en cualquier lugar donde sea que caiga la noche. No puedo tan sólo imaginarme cómo es que un gran santo podría estar demasiado tiempo sin contar con una casa o lo más parecido a un techo. No puedo imaginar cómo alguien tan grande, sabio, y sublime como Gautama el Buda pudo dejar su cómodo y lujoso palacio para dedicarse a divagar tantos años y sin contar con un techo permanente, o a un gran Jesús de Nazareth o a un San Francisco de Asís, ambos obrando en contra de sus instintos, en un afán de dejar de ser humanos, pudieron convertirse en grandes deidades y santos que son ahora. ¿Será acaso que la convicción hacia la búsqueda de la verdad y la iluminación fueron mayores que sus necesidades primarias y sus necesidades biológicas?

No podría yo imaginar mi situación estando sin rumbo y a la deriva, y peor aún, estando completamente sola, especialmente cuando caiga la noche.

Ni por más bella, estrellada, y clara que fuese tal noche. Realmente dudo mucho que pudiera pasar demasiado tiempo sola a la intemperie, al asecho de los indigentes, de los mal vivientes, y de los ladrones.

Siempre he creído que una casa es el emblema de la calidez de una familia, de un hogar, de protección, y de resguardo. Pienso que el simple hecho de no contar con el resguardo de una casa ya es una gran desventaja para cualquier ser humano.

Continúo caminando, de vuelta al departamento que renté, y no puedo evitar sentir pena ajena al ver los graffitis y los garabatos bien marcados en las paredes, y peor aún, en las paredes recién pintadas y en los bellos edificios considerados reliquias arquitectónicas y patrimonios; tal hazaña me recuerda el porqué de mi desagrado hacia tales garabatos.

Al presenciar aquellas proezas, no puedo evitar el preguntarme quién les manda a aquellos a garabatear un bien ajeno. ¿Por qué lo hacen? Mientras veo aquello, no puedo evitar el recordar aquellas épocas de estudiante de secundaria, cuando mis amigos y compañeros de colegio lo hacían en un gran esfuerzo de promocionarse y posesionar a sus grupos de adolescentes. Recuerdo además que quienes lo hacían, eran los jefes y creadores de tales grupos; lo hacían porque creían que garabateando todas las paredes de la ciudad con sus nombres de alguna manera les darían cierta personalidad. Recuerdo también que quienes no pertenecían a ningún grupo; realizaban semejantes hazañas de garabatear paredes para así poder ser aceptados en aquellos grupos de moda. A pesar de que en el fondo no deseaban garabatear una sola pared; motivados sólo con el único y principal motivo de llamar la atención—pero ¿de quién?

Ahora, a casi diez años después de haber concluido el colegio, puedo analizar la situación. Pienso que si tan sólo en aquellas épocas de adolescencia los jóvenes hubiéramos tenido mayor credibilidad y mayor apoyo moral por parte de la sociedad en general, quizá hoy no se verían tantos desastres gráficos urbanos causados por ciertos caprichos típicos de los adolescentes con el único y supremo fin de hacerse notar. Ellos sólo quieren decir, "¡Hola; estoy aquí, mírenme que existo!"

Llego a sentir pena por el hecho de tener que ver fachadas hermosas garabateas, con símbolos tontos o insultos. Sin llegar a entender cabalmente la razón de valerse de una pared para expresarse a sí mismos, pero lo suficiente como para claramente notar que tal cosa no es más que una destrucción a un bien ajeno, a una casa, al hogar y al resguardo de alguien más.

Estas escenas viajan a través de mi memoria y me traen recuerdos de una anécdota que ocurrió una vez hace algunos años atrás a unos vecinos. Una reducida familia de padre, madre, e hija, quienes luego de regresar de un largo viaje de tres meses del exterior, al volver a Bolivia, se percataron de que su casa ya tenía otros dueños, y además bien instalados en su casa. Sucede que los otros dueños eran una numerosa familia de indigentes. Ellos vinieron con la intención de robar la casa de al lado. Al momento de intentar escapar, treparon la pared y cayeron en esa casa, la cual para su sorpresa estaba aparentemente deshabitada. Los muy dañinos decidieron hacer de tal casa la suya, sin importar nada más. Ellos se lamentaban de una manera descarada, alegando que como ellos son pobres y tienen la desgracia de no poseer nada, todos los demás y todos aquellos que poseen bienes materiales, tienen la obligación de darles un lugar donde vivir, porque de no ser así, ellos se verán obligados a arrebatar a quienes posean más que ellos.

Aunque ésta parece ser una situación chistosa, en el fondo es muy triste saber y ver el mal concepto que la gente posee acerca de las cosas, de lo que es ganarse la vida, como de lo que es el trabajo y el dinero. Si hay algo evidente, es que cada quien tiene no más ni menos de lo que cree merecer. En base a este tipo de circunstancias entre otras, muchas veces me he preguntado y he querido entender: ¿Por qué esas ansias de asaltar, avasallar y quitar? ¿Acaso las personas no tenemos la capacidad o el suficiente ingenio como para obtener algo con nuestros propios méritos? Si de repente uno cae en cuenta de que no tiene nada, talvez sea porque no se ha esforzado lo suficiente para lograrlo, y por ende talvez no lo merezca. Después de todo, se dice que todo esfuerzo tiene su recompensa; sin esfuerzo, la recompensa no se asomará, ni siquiera un poquito.

Pienso que ese tipo de gente avasalladora debería poder mirarse a sí misma, debería poder mirar sus acciones de una manera netamente objetiva e impersonal; talvez así, podrían caer en cuenta de que no son en realidad pobres, sino que son horrendamente flojos, y que no poseen ni una pizca de interés en cuanto a trabajar y construirse un futuro—o talvez lo hacen por costumbre, porque fueron en cierta forma simples títeres de las malas influencias, ya sea de amigos o incluso de sus familiares quienes en cierto momento lo decidieron y les enseñaron que se debe robar y avasallar, que se debe quitar al que tiene, sólo porque ellos tuvieron la desventura de haber nacido pobres. Pero, ¿no es acaso esa errada herencia de pensamientos, la que actualmente está destruyendo el futuro de muchos niños y jóvenes en este país y seguramente en cierta medida lo hace en el mundo entero?

No soy alguien muy experta en cuestiones monetarias, pero tengo la impresión de que la pobreza no es más que un hábito, un mal hábito que se ha convertido en una excusa para no hacer nada. De esa manera, poder culpar a todo y a todos de las desavenencias, de la falta de capacidad y de voluntad individual. Lo creo así porque he visto tantos casos de tanta gente quienes en un principio fueron extremadamente pobres, y quienes luego por mera decisión propia, pudieron superarse, levantándose de las cenizas como un ave fénix, dejando atrás lo que una vez llamaron pobreza para disfrutar de lo que ahora llaman riqueza.

Continúo mi camino de regreso hacia mi departamento. Ahora la lluvia ha cesado, y la noche está más fresca, limpia, y serena; el aire se siente más puro. Siempre he creído que después de llover, la ciudad queda limpia de toda basura, de toda impureza, y hasta de toda mala y negativa energía humana que pudiese flotar en el aire. Siempre después de una buena lluvia, como por arte de magia, los humores se neutralizan y la gente se tranquiliza.

Luego de tal lluvia, veo muchos turistas y extranjeros en este lugar, todos saliendo de sus escondites "anti lluvia", dejando sus cubiertas y refugios, en busca de algún hospedaje y de algún hotel donde pasar la noche. Inmediatamente me identifico con ellos y me invade el recuerdo de todos los viajes que realicé y de todos aquellos magníficos lugares que tuve la oportunidad de visitar este año. Es así como muchas veces, al igual que ellos, llegué a formar parte de ellos, llegué a convertirme en una turista más.

Todo sucedió cuando decidí conocer cada ciudad de Bolivia, una por una, conocer las diferentes culturas para poder entender las diferencias tan acentuadas que existen entre las diferentes regiones de este país.

Recuerdo además el principal motivo que me llevó a emprender este viaje y la razón por la que estoy ahora aquí: decidí conocer y sobre todo poder comprender a éste país, mi país, donde nací, puesto que hasta hace poco no tenía idea de lo que éste era, excepto por todo aquello que me contaban las personas.

Yo siempre pensé que uno no nace ni por error ni por casualidad en cierto país o en cierta región. Al contrario, siempre pensé que lo hacemos por alguna razón o motivo muy importante, quizá sea porque se tiene algo encomendado por realizar, quizá sea porque hay algo ahí para uno esperando a ser descubierto, o talvez sea por otras razones mayores que no las comprendemos aún con plena claridad como deberíamos.

Pienso que debe existir alguna importante razón por la cual nacemos en ciertos países. Debe existir una razón por la cual yo nací en este país, tan hermoso pero tan caótico, con tanta diversidad, con tantas culturas, tantas creencias y manifestaciones, y tantas diferencias tan acentuadas. Tal como una gran brecha que separa lugares tan diferentes entre sí, pero que juntos forman a un solo país; así fue como decidí conocer Bolivia.

§§§

Luego de caminar bajo la lluvia observando el movimiento de la ciudad y el entorno, finalmente arribo al departamento que temporalmente renté, un departamento pequeño que posee una sola habitación, una pequeña cocina, y un diminuto baño. Ubicado en el piso veinte de un edificio, sólo una cama, una silla, y una mesa adornan la habitación principal del departamento, los enormes ventanales que van casi de pared a pared me permiten tener una hermosa vista de la ciudad.

Después de haberme cambiado la ropa totalmente mojada por la lluvia por ropa seca, con una humeante y caliente taza de café en la mano que adquirí de una cafetería ubicada casi al frente de este edificio, decido salir al balcón de la habitación para poder observar la fresca noche. No puedo evitar caer en cuenta que está preciosa. Se puede llegar a sentir que la ciudad por la noche se llena de vida, observo este espectáculo nocturno desde el piso veinte. Observo a una ciudad totalmente movilizada y llena de luces, a las centenares de miles de casas, los centenares de edificios, las calles, las avenidas, todos ellos totalmente iluminados; observo luces encendidas y parpadeando por todo ello, a lo largo de toda la ciudad. Contemplo todo esto como una maravilla urbana vista de noche.

Con cada sorbo de café, puedo recordar a todos aquellos bellos lugares que pude visitar en mi estadía en este país y en esta ciudad. Recuerdo los Yungas, un increíble y verde valle donde inicia la amazonia boliviana, un lugar que contrasta totalmente con el ambiente contemporáneo de la ciudad, un lugar que llega a sumergirse en la humedad de las tierras tropicales, en una mezcla de verdes laderas, precipicios, ríos, cascadas y una vertiginosa vegetación.

Recuerdo a la mística Copacabana, una encantadora región ubicada a orillas del lago Titikaka; uno de los lagos mas altos del mundo, un mágico lugar donde sobresalen las celebraciones religiosas, las fiestas tradicionales, y los tesoros arqueológicos; leyendas y relatos cuentan que la desaparecida civilización de la Atlántida una vez habitó y reinó en estos lugares.

Cuenta además la historia que la zona altiplánica de este departamento fue habitada por culturas muy desarrolladas que datan de hasta 60,000 años antes de Cristo. Estas culturas lograron influir notablemente gracias a su destacada estructura socio-económica, la cual fue caracterizada como el primer imperio andino. En sus dominios se llegó a construir la primera ciudad proyectada de la región Andina, llamada Tiwanacu.

Cuenta la historia de este gran y muy buscado continente perdido y así mismo de la ciudad principal de éste llamada la Atlántida, la cual según historiadores y científicos tal ciudad existió una vez aquí. De acuerdo con la historia, esta isla se perdió en el mar. Fue mencionada por primera vez en los diálogos del filósofo griego Platón, quien de niño escuchó tal cosa de su abuelo, quien lo supo de Solón, el legislador ateniense de aquellos tiempos. Según estos históricos comentarios, los Atlantes eran los habitantes de una gran isla llamada Atlántida, isla que desapareció en el mar por causa de un gran terremoto, seguido de una gran inundación.

Tal historia menciona a la Atlántida como la sociedad ideal, y finalmente menciona cómo este gran continente de la Atlántida se perdió en el mar porque los dioses decidieron castigar a los atlantes por su gran soberbia; aunque según esta historia y los relatos mitológicos de aquellos tiempos, Poseidón, el Dios del mar, fue quien poseía la Atlántida, y fue él quien decidió inundar la isla. Beneficiada por Poseidón, se dice que la tierra de la Atlántida era rebosante en todo tipo de recursos naturales; existía una gran variedad de minerales, extensos bosques que proporcionaban abundante madera, una gran cantidad de animales tanto domésticos como salvajes, se decía que especialmente elefantes, así como abundantes y diversos alimentos recolectados de la tierra. Se decía que esa gran bonanza llevó a los atlantes a edificar las más grandes y magníficas obras jamás imaginadas; ellos además construyeron sobre montañas rodeadas por círculos de agua una grandiosa ciudad llena de notables edificios, y entre ellos los más prominentes eran el palacio real y el templo de Poseidón, construidos en oro.

También se dice que cuando los dioses decidieron castigar a los atlantes por su soberbia, por la cual terminaron por convertirse en presas, un gran terremoto seguido de una inundación fueron los causantes de la desaparición en el mar de la isla donde se encontraba el reino o la ciudad principal de la Atlántida. A partir de tal historia comienza la leyenda del continente perdido y de la tan buscada ciudad perdida, la Atlántida; aunque actuales investigaciones están llegando a concluir que tal ciudad perdida se encuentra en el lugar menos imaginado y talvez menos buscado: aquí en el altiplano boliviano.

Esta historia suena tan, pero tan maravillosa para mí, que me cuesta un poco imaginar el hecho de que estos acontecimientos se dieron alguna vez en estos lugares y en este país tan olvidado por el resto del mundo—además actualmente considerado como un país pobre, tercermundista y en plenas vías de desarrollo. Después de todo, Bolivia ha resultado ser un país fantástico, totalmente místico, exuberante y rebosante de todo, desde diversos climas y diversas culturas, tradiciones y religiones, las cuales podrían sobrepasar el límite de nuestra capacidad de entendimiento acerca de ciertos estrictos dogmas religiosos.

Además de un sinfín de maravillosos lugares, cuenta con una diversa geografía que va desde imponentes cerros nevados y valles paradisíacos de ensueño hasta selvas tropicales. Nunca imaginé la existencia de tantos lugares arqueológicos, sagrados, ni de tantos lugares turísticos, además de habitar gente de todo tipo, gente de toda clase y de variadas culturas. Me sorprende, pero lo cierto es que creo que este país ha sido bendecido en el momento de la creación por poseer tantos recursos naturales de toda clase. Es una gran ironía el hecho que actualmente esté catalogado como un país subdesarrollado y complicado.

Es sorprendente y casi increíble la vez saber que en épocas coloniales, Bolivia perteneció a diferentes Virreinatos; en aquellos tiempos la situación podía llegarse a comparar con la situación actual del flujo migratorio, como ocurre con los países más desarrollados y más importantes del mundo. En aquellos tiempos, se dice de Bolivia, que era llamada Charcas, la cual llegó a convertirse en un receptor de inmigrantes de todas partes del mundo.

Todo esto ocurrió debido al descubrimiento de las minas de plata en Potosí, ciudad que en aquellas épocas llegó a obtener mucha fama, tanto como hoy en día la tienen las ciudades de Nueva York, París, Londres, Tokio, entre otras.

Se dice también que en Bolivia, en aquellos tiempos, los inmigrantes se instalaban en esta ciudad gracias al creciente desarrollo tanto industrial como comercial. Era aquí donde se acuñaban las monedas, además aquí solía concentrarse la potencialidad económica y financiera mundial. Tal como ocurre en la actualidad con el dólar Americano o con el Euro, de igual manera ocurría en la ciudad de Chuquisaca, la actual capital constitucional del país, la cual igualmente era una de las más importantes ciudades, después de Potosí, debido a la capacidad de recibir grandes cantidades de inmigrantes.

Es irónico y un tanto gracioso ver el antes y el después de Bolivia, pesarlos en una balanza, y asimismo detectar cómo alguna vez este país pudo llegar a ser un país receptor de inmigrantes de toda clase, tal como lo hacen hoy en día los países más desarrollados y ricos del mundo entero.

Es deprimente el hecho de ver estas épocas actuales. Debido a la situación económica actual, se estima que alrededor de dos millones de bolivianos han migrado y ahora viven fuera del país; todos ellos se han marchado en afán de evitar la pobreza y la decadencia, en busca de más y mejores oportunidades. Tal parece que, luego de haber visto el antes y el después, la historia de Bolivia parece ser la ironía más grande que ha podido vivir un país.

Tengo tantos recuerdos y tantas vivencias de mi estadía por las diferentes ciudades. Tras haber estado en el oriente y en ciudades pequeñas y paradisíacas como Tarija, en maravillosas y cálidas ciudades como Beni y Pando, y en ciudades grandes como Santa Cruz; en el occidente visitando ciudades frías como Oruro, Potosí, y La Paz, y además en ciudades medianas y templadas como Cochabamba y Chuquisaca. Luego de haber visitado todas ellas, pude llegar a concluir que tanto oriente como occidente tienen una diferencia abismal entre culturas, climas, geografías, y sobre todo en cuanto a comportamientos humanos, tanto así que se podría tener la impresión de estar en diferentes países.

En todo este tiempo, he llegado a ver y conocer muchas cosas maravillosas e inigualables. Puedo decir que sin duda este país ha sido bendecido por la inmensa e increíble belleza y por sus abundantes recursos naturales, pero de igual forma he llegado a ver cosas terribles y desagradables. De una manera innegable todas las cosas presentes en la vida tienen dos caras, un lado claro y un lado oscuro. He llegado a observar bastantes cosas negativas, principalmente la pobreza, el desorden, la desorganización, el caos, y mucha ignorancia.

He llegado a conocer a mucha gente y a sus diversas culturas. Además pude caer en la cuenta de que en cierta forma y de la manera más graciosa, el clima parece afectar de una manera directa a la gente; puede llegar a depositarse y tocar sus sentimientos y emociones, favoreciendo a unos, pero al parecer perjudicando a otros. Sé que parece cómico, pero pude llegar a determinar que en las ciudades más cálidas, la gente tiende a ser más extrovertida que la gente que habita en las ciudades frías, puesto que aquella de las ciudades y poblaciones más frías es generalmente un tipo de gente más cerrada y un tanto más desconfiada.

La gente es de alguna manera más amable en las ciudades más cálidas que la gente de las ciudades frías. La gente ríe a carcajadas y parece pasarla mejor en lugares tropicales. En cambio, en los lugares fríos, como en las regiones altiplánicas, resulta tan difícil arrancar una leve sonrisa a la gente—tanto así que pareciese que les prohibieron sonreír de vez en cuando.

También pude determinar que la gente es más promiscua en los lugares cálidos que en los lugares fríos. Es gracioso, pero pienso que es muy probable que eso sea lo que los mantiene más felices.

En algunas ciudades occidentales, una gran mayoría de la población gusta de realizar ritos y rituales a la madre tierra, o Pachamama[1], ofrendando a la tierra desde objetos simbólicos hasta animales vivos; en las ciudades del oriente, ni pensar en realizar tal hazaña.

Asimismo pude determinar que en las ciudades grandes, la gente parece ser más libre y lo demuestra caminando con más soltura y autonomía; a diferencia de las ciudades pequeñas, donde la gente tiende a actuar demasiado entrometida e interesada en participar en la vida de los demás, pasando días enteros y prácticamente viviendo e interesándose demasiado por los dramas de los demás, llegando a compararse tal comportamiento con el de una olla de grillos. A diferencia de lo que sucede en las ciudades más grandes, tales escenas no se ven frecuentemente.

Pero sobre todo, pude percibir mucha intolerancia entre las ciudades del oriente y las del occidente, la gente del oriente siempre ha rechazado los comportamientos, creencias y culturas de la gente del occidente, pero a pesar de las abismales e imperdonables diferencias sociales y culturales de aquellos lugares casi antagónicos entre sí, pude percatarme de que todas las repelentes culturas entre sí están unidas por un cordón invisible que une a todas ellas, el alcohol, aquella famosa cultura unificadora del alcohol. Sin importar cuán ricos o cuan pobres sean, siempre lo habrá en sus fiestas patronales, culturales, y reuniones, tan esperadas como lo es la navidad para un niño.

Pude además llegar a darme cuenta de un factor relevante, un factor que afecta a las sociedades en general. La gran mayoría de las personas viven en un constante drama.

Después de haber visto desde lejos a más de un millón de dramas humanos, dramas que tienen que ver con nada más y con nada menos que con caprichosas actitudes humanas, pude llegar a concluir que las situaciones de la vida cotidiana no son más que el equivalente a

---

[1] *Pachamama: culto importante presente en Bolivia "Pacha" tierra, "Mama" madre, es decir Madre Tierra.*

una puerta personal, donde uno mismo es quien tiene la decisión de abrirla o cerrarla, y además dejar entrar todo aquello que uno desea, incluso lo que no se desea, si así lo permite uno. En el fondo, si alguien no desea ser molestado, por resonancia la gente no se acercará a molestarle; si uno en el fondo desea divertirse a lo grande, buscar experiencias extremas, o sexo, pues entonces la gente irá directo a éste como un blanco fácil, y se le pegarán como abejas a la miel; y así, entre otras cosas la gente y las diferentes circunstancias vendrán a uno para proporcionarle todo aquello que en el fondo intensa y fervientemente lo desea. Es por eso que he llegado a creer que las personas no solamente viven en un eterno y constante drama, si no que lo aman y lo adoran, tanto así que han decidido darle la más cálida bienvenida y dejarle sus puertas abiertas de par en par.

En todo este tiempo, he llegado a detectar muchos sentimientos y muchas emociones decadentes. Muchas parecen haber salido del aire y se han depositado en muchos rincones de este país, especialmente la enorme ola de malos pensamientos recargados de cierta negatividad y resentimiento, seguida de una fatal resignación hacia la pobreza, conformismo, mediocridad, dejadez, y mucho desinterés de por medio, donde todo lo que ocurre y hasta lo que no ocurre llega a ser justificado y culpado por las circunstancias exteriores.

Al ver todo eso, puedo llegar a determinar que esa gran ola de malos sentimientos y actitudes respecto a las cosas es aquello que no sólo nos ha mantenido sumidos por tantos siglos en un gran e interminable drama, sino que nos ha mantenido en cierta forma como humanos estáticos e inmóviles, dando vueltas y vueltas por el mismo sitio, tal como piedras estancadas, incapaces de fluir libremente.

El drama eterno continúa, y las cientos de miles de preguntas sin respuesta aparente continúan fluyendo a través de mí. Y una y otra vez termino por preguntarme:

¿Por qué las cosas son como son? ¿Quién ha creado los dramas y los comportamientos humanos? ¿Quién ha creado esta sociedad?

¿Podremos alguna vez salir de ese círculo vicioso de dramas creados y generacionalmente transmitidos una y otra vez?

Analizando las cosas y tomando en cuenta los diferentes conceptos tan distintos acerca de la vida que posee cada ser humano—desde los significados y la concepción que cada uno ha ido forjando de la vida a lo largo de su existencia, hasta el conocimiento del motivo y de la razón de la vida y de las cosas como tal—es evidente que todo esto se ha tornado demasiado caótico, problemático, y lleno de grandes e interminables dramas para la gran mayoría de los seres humanos que habitamos en este mundo. Pero al igual que todo, pienso que es evidente que el caos, los problemas, y los dramas solamente surgen cuando no se tienen las cosas totalmente claras.

Pero, si a estas alturas del partido del juego de la vida, no tenemos las cosas claras y creemos firmemente que las cosas son algo que talvez en realidad no lo son, entonces, ¿qué es la vida en realidad y en que consiste ésta? ¿Será la vida realidad; será ficción; será un relato sacado de alguna trágica novela? De no ser así, entonces, ¿por qué hacemos lo que hacemos, y porqué todo aquello que inconscientemente hacemos lo tomamos como un todo absoluto, como una realidad total? ¿Es que no somos capaces de ver un poquito más allá, de evaluar otras opciones infinitas presentes y existentes en este mundo, y de una vez por todas apartar el limitante hecho de tan sólo conformarnos con seguir las inquebrantables reglas y los consejos externos?

A todo esto, me pregunto:

¿Quién marca la cancha y quién pone las reglas a seguir en esta vida? ¿Quién nos puede decir con certeza que siguiendo aquellas aparentemente inalterables reglas de la vida obtendremos bienestar?

Luego intento comprender: ¿En qué se basan y en qué se mide el bienestar general tanto de la vida como tal y de la humanidad? ¿Será por el dinero? Pero, ¿quién tiene el poder absoluto de decidir que todo está bien o que todo está mal, que estamos en crisis o que estamos en bonanza? ¿Qué pasaría si el dinero dejaría de ser un factor tan relevante de medición? ¿De qué nos valdríamos entonces para poder definir el estar bien o el estar mal?

Puedo comparar a las caóticas y a las dramáticas sociedades y formas de vida, tal y cual como niños que viven en el abandono, ignorados y descuidados, solos y a la deriva, dejando que las asperezas de la vida dura se encarguen de ellos, tratando así de vivir y sobrevivir como sea, sin siquiera importar si se dañan a sí mismos o si dañan a los demás. Me pregunto una vez más ¿Quién pone las reglas y quién rige el comportamiento humano? Pienso que debe existir alguna razón oculta por ahí, en algún lugar, razón por la cual la gente muy a menudo anda por la vida desmotivada, sin ideas ni ideales, aferrados y enraizados a cualquier cultura, a cualquier tradición y, por supuesto, a cosas que no conducen a ningún lado, excepto para distraernos y perjudicarnos, dejándonos siempre contando los días, siempre esperando a la hora de salida y al fin de semana, para finalmente darnos un descanso de la vida monótona, de las cosas actuales y de las obligaciones existentes de acuerdo a las interminables exigencias y deberes de cada cultura y de cada sociedad.

Siempre me he cuestionado si podremos alguna vez cambiar las cosas, vivir y habitar plenamente en un mundo nuevo; tal como dicen muchas escrituras sagradas que un nuevo mundo llegará y que será un mundo mejor, será el equivalente a un paraíso. Pero ese nuevo mundo del que comentan, ¿será para todos? ¿Será incluso para los malos y los dramáticos?

Una vez escuché a alguien en algún lugar decir que para erradicar de una manera definitiva a las cosas malas, a las cosas viejas y obsoletas, para mejorar cualquier deficiencia tanto entre humanos como entre naciones, es necesario eliminar a por lo menos dos generaciones de gente corrupta con malas costumbres adquiridas y llevadas por tanto tiempo—tal como se elimina a las malas hierbas dañinas de un abundante jardín, para que así las flores puedan crecer mejor; al igual que se retira a las manzanas podridas de la cesta, pues de otra manera terminarán pudriendo a todas las manzanas frescas presentes a su alrededor, y además, gradualmente terminarán por infectar y podrir a toda la cesta entera. ¿Acaso se tendría que tomar medidas tan drásticas para poder recuperar a nuestro mundo del caos y del drama inculcado y plantado en la mente de las personas?

No cabe duda de que todo mal se debe a ciertas costumbres adquiridas; ya que si existe algo muy cierto es que una costumbre es lo más difícil de cambiar. Cuando uno cae presa de cierta rutina o acostumbra a hacer algo seguidamente, entonces no existe fuerza externa que pueda hacer cambiar tal costumbre. En el mejor de los casos, se puede lograr algo significativo al intentarlo, pero cuesta muchísimo y requiere de un gran sacrificio y voluntad, cosa que no muchas personas poseen. Pero, ¿podríamos llegar a ese extremo de llegar a comparar a la humanidad con una cesta de manzanas, donde sea necesario eliminar definitivamente a las podridas para que no arruinen al resto y así evitar que todo termine en la podredumbre? ¿Qué es lo que se debe hacer para poner orden en los países y en las sociedades?

Creo que me haría la misma pregunta respecto a la humanidad: ¿Por qué algunos humanos son más educados y más evolucionados que otros? Lo mismo sucede con los animales: algunos son tranquilos, otros agresivos, y otros simplemente nunca aprenden. Al igual que las plantas y los árboles: muchos crecen bien, pero muchos crecen torcidos, y otros nunca crecieron; se quedaron como semillas defectuosas.

No puedo juzgar a las cosas generales basándome en algo particular, pero no puedo evitar el preguntarme si realmente es mi país el caótico, ¿o es que el mundo entero y toda la humanidad están sumidos en un gran caos general mundial?

Tal parece que todo y que todos camináramos perdidos por la vida debido al caos, a ese interminable caos, pero ¿qué es lo que lo ha formado? Llego a pensar que tal caos y tal drama humano se han originado por el mero hecho de vivir de alguna forma sumidos en la ignorancia. El principal motivo es de que no tenemos las respuestas a muchas de nuestras preguntas, precisamente a la pregunta más importante de todas: ¿Quiénes somos y por qué estamos aquí?

§§§

Decido dar un paseo por el parque urbano central de La Paz. Este lugar es un lugar extenso, lleno de bellos jardines y de una gran cantidad de lindas flores multicolores. Desde aquí se puede observar un interesante contraste formado por los imponentes edificios que se observan desde lejos, dando la impresión de que felizmente se levantan ante este colorido y florido parque.

Hoy el clima es cálido, el aire se siente fresco, y la ciudad se ve más limpia debido a la lluvia de ayer por la noche.

Desde donde me encuentro, puedo ver frente a mí a un hermoso cerro nevado, el majestuoso "Illimani", un imponente e inconfundible cerro nevado denominado el guardián de La Paz, cerro que ha dado desde siempre una distinguida presencia y elegancia única a esta ciudad. Aunque este cerro pareciese estar bastante cerca, aparentando estar a unos pocos metros de aquí—incluso tengo la impresión de verlo justo frente a mí—en realidad está sumamente lejos desde donde me encuentro yo ahora; y para poder llegar a él, tendría que cruzar prácticamente toda la ciudad. Teniendo en frente de mí a un cerro cubierto de nieve en este clima cálido y en un día soleado resulta ser un contraste bastante interesante y notorio.

Hoy es un nuevo día—hermoso, sumamente calmado, y tranquilo. Hoy el día está totalmente despejado y soleado. Pienso que sería una buena idea quedarme en este lugar la mañana entera, para luego por la tarde, visitar la zona sur de la ciudad. Por la noche talvez vaya para la estación de buses y decida dejar la ciudad; tomando un bus de regreso a casa.

Hoy es domingo, y no hay nada mejor que un día domingo para poder llegar a sentir la tranquilidad total de la ciudad. Como reza el dicho: "El silencio es oro". No hay nada mejor que un tranquilo día domingo para un paseo y un descanso de la rutina semanal. Un descanso tanto para las personas como un descanso para la misma ciudad—menos autos, menos contaminación, y por supuesto menor estrés proveniente de la gente. En un tranquilo domingo, uno puede llegar a sentirse dueño de la ciudad entera.

Un gran suspiro me invade y me recuerda por qué estoy aquí. Esta ciudad, la ciudad de La Paz, es ahora mi última parada; también mi última ciudad a visitar, puesto que mi gira por cada lugar de Bolivia ya está a punto de concluir. Ya estuve casi cinco meses fuera, recorriendo y visitando todas las ciudades de Bolivia, y aquí termina mi recorrido con la novena y última ciudad a conocer.

De pronto un sentimiento de angustia me invade, y no puedo evitar empezar a preocuparme. Empiezo a inundar mi mente con diversos sentimientos, de angustia e insatisfacción juntos, además por ese sentimiento de vacío e incertidumbre que da vueltas y vueltas por mi cabeza y hace que me pregunte: ¿Qué rayos haré después? No estoy segura de querer regresar a casa todavía, no estoy segura de querer volver a lo de antes, de volver a lo mismo, ni de reanudar las actividades inconclusas que he dejado en el pasado. Antes de partir de casa, cuando decidí realizar este viaje, alguna vez me pasó la idea por la cabeza que éste podría llegar a convertirse en un viaje talvez con retorno, o talvez no. Todo dependería con qué novedades y con qué nuevas oportunidades me encontraría en tal recorrido, qué tipo de cosas y qué experiencias pudiese yo encontrar y lograr descubrir. Decidí además que si encontraba una buena razón y una buena oportunidad para quedarme, pues me quedaría en el lugar más propicio para ello.

No puedo evitar recordar mi casa, mi hogar, mi familia, sobre todo recordar a mis padres. Tampoco puedo evitar recordar aquel preciso y determinado momento cuando de una vez por todas pude reunir las fuerzas y la voluntad necesarias y pude tomar la gran decisión de dejar temporalmente mi casa, a mi familia, a mis amigos, a mi trabajo, y a todo lo demás, para así poder darme un merecido respiro de la diaria e insoportable monotonía de la cual en un determinado momento sentí que había caído presa. Esperaba después de tal viaje, poder retornar, talvez un poco más enfocada y renovada, talvez retornar convertida en una nueva persona—o talvez simplemente no retornar.

A pesar de haberme sentido encerrada en un solo lugar, ignorante con respecto a todas las cosas, al origen y funcionamiento de todo. Repentinamente sentí un deseo culminante que fue traducido en un gran anhelo por querer conocer todo lo que me rodea, todo lo que está allí pero no lo puedo ver porque lamentablemente no lo conozco. Sentí un anhelo por conocer a mi país, su gran diversidad, a las diferentes culturas y a la gente. Hay quien dice que uno no puede alegar que se conoce a sí mismo si no ha conocido el mundo que lo rodea; viendo las cosas de esa manera, pensé que talvez podría yo llegar a descubrir algo, talvez algo más en mí como el ser humano individual que hasta ahora conocí. Además, es algo muy sabido que al alejarse temporalmente de las cosas y al realizar viajes largos, siempre ocurren cosas buenas. No precisamente para descubrir cosas y experiencias exteriores, sino también para descubrirse a uno mismo, para descubrir lo que realmente se quiere o simplemente para poder reforzar una ya existente elección, puesto que como muchos, siempre tuve dentro de mí plantada una semilla de curiosidad y un deseo de conocer y de saber más, deseo que con el tiempo fue creciendo más, más, y más, hasta traerme aquí donde estoy ahora en este preciso momento.

La idea de dejar el hogar para recorrer un país comenzó en el instante en que empecé a sentir un cierto hastío por lo actual, por lo monótono y por lo conocido. Además, constantemente tuve sentimientos de ansiedad y profundos deseos de descubrimiento y mucha curiosidad por querer saber y conocer qué existe más allá de mi mundo pequeño, ese mundo de cuatro paredes que supe tener durante veinticinco años de mi vida. El ferviente e intenso deseo de saber y conocer qué cosas hay, y qué cosas ocurren más allá. Este deseo fue para mí traducido como una llamada, como una invitación a pasar a través de una puerta abierta al descubrimiento.

Fue entonces cuando caí en cuenta de que ya nada podía ser igual que antes. Todas las cosas y las situaciones actuales ya no me causaban la sensación de novedad y de asombro, como solían hacerlo antes. Así fue cómo empecé a sufrir de insomnio. Me costaba demasiado trabajo el poder conciliar el sueño y dormir. Tampoco podía estar tranquila, e incluso empezaba a sentir un cierto tipo de manipulación externa, tal como si me hubiese convertido en uno de los tantos miles de títeres y marionetas que habitan en esta sociedad, eternamente manipulados por alguien o algo que desde algún lado tira de sus cuerdas, interpretando así un largo drama de vida.

Entonces, de esa manera fue cómo todo inició. En lo más profundo de mi ser, empezó a formularse vagamente una pregunta, una insignificante pregunta, que primero inició dando vueltas y vueltas por mis pensamientos, para luego terminar por atormentarme hasta el punto de anularme totalmente; era evidente que aquel sentimiento de incertidumbre ya no me dejaría volver a ser la misma persona nunca más.

A medida que el tiempo pasaba, claramente podía ver cómo pasaban los días, cómo éstos terminaban convirtiéndose en meses, y todavía no se me formaba ni una sola respuesta a mi constante e incesante pregunta: ¿Por qué estoy aquí? Fue entonces cuando empecé a darme cuenta de que no tenía ni la más remota idea de lo que era realmente la vida, en qué realmente consistía ésta, y por qué razón—si es que existiese alguna—estamos aquí y hacemos lo que hacemos.

Nunca entendí ni tuve una clara figura del por qué la gran mayoría de las personas nacen y mueren sin saber la verdadera razón de su nacimiento y de su venida a este mundo. Además, aún no he tenido la oportunidad de poder encontrarme y conversar con algún anciano en sus últimos días de vida, quien haya podido sinceramente decirme cuál era el principal motivo de su visita al planeta Tierra. Todos los ancianos que hasta ahora conocí, todos decrépitos y cansados. Algunos esperando ansiosamente a la muerte, vacíos, generalmente sin nadie a su alrededor; otros temiendo de sobremanera a la muerte y muy aferrados a la vida—a pesar de sufrir y sentir dolor, no deseaban dejar la vida aún. Pero lo cierto es que ni siquiera entendían la razón por la cual se aferraban tanto a la vida, no entendían por qué le temían tanto a la muerte—simplemente lo hacían.

Incluso llegué a percatarme de que la muerte no solamente se apega a los ancianos. He llegado a ver a muchas personas bastante jóvenes quienes andan por las calles tal y como muertos vivientes, no totalmente muertos, pero muertos por dentro, haciendo lo que hacen por mera acción de hacer, sin saber siquiera por qué lo hacen, existiendo solamente por que aún hay oxigeno en la atmósfera y alimentos al rededor, reproduciéndose sólo porque sus padres, amigos y su sociedad lo hacen. Generalmente terminando siendo arrastrados por esa enorme ola común llamada "la sociedad", donde muchos terminan frustrados, perdidos, y atrapados en la peor de las cárceles, en la cárcel de la monotonía. Aunque también existen otros quienes terminan dando fin a todo de una vez por todas, pero de la más violenta de las maneras.

Tal es el caso de una buena amiga que tuve, Wendy, quien siempre sonriente, siempre buena, y siempre complaciente, siempre diciendo "sí" a todo y "sí" a todos. Muy pronto terminó por convertirse en una marioneta ante la voluntad de su familia y de la sociedad, quien luego terminó sintiéndose desesperada, vacía, manipulada, y sin vida propia, ni razón alguna para continuar viviendo. Al menos eso decía la carta que dejó antes de suicidarse.

De esa manera pude darme cuenta cómo se dejó perder una gran vida por el simple hecho de carecer de fuerzas internas, dejándose avasallar por cosas y razones exteriormente impuestas que talvez en cierta forma no son del todo reales.

Siempre tuve la impresión de que si un sentimiento, cualquiera que sea, nace de nosotros, entonces llega a formar parte de nosotros.

Ignorar a ese sentimiento, quizá sería el equivalente a ignorar a alguna parte o alguna función de nuestro cuerpo, el equivalente a privarlo de alimento cuando siente hambre.

Fue así la manera en que pude tomar la decisión de no dejar morir mis sentimientos e inquietudes de curiosidad y de descubrimiento que empezaron a anidar dentro de mí.

Si hay algo que no quisiera llegar a hacer jamás, es llegar a convertirme en una anciana y poder ver mi vida en retrospectiva, sólo para lamentar no haber hecho lo que realmente quise, y luego morir con una espina clavada en el corazón y con arrepentimiento de todo aquello que pude haber hecho pero no lo hice por no tener las suficientes agallas, morir siendo consciente que desperdicié una vida entera en nacer, crecer, reproducirme, y morir—y, como la mayoría de las personas, terminar sin tener idea del por qué de mi fugaz visita a esta vida. Ésta fue la principal razón por la cual decidí realizar este crucial viaje: conocer nueva gente, nuevas cosas, pero sobre todo para llegar a conocer lo más difícil de conocer, a mí misma y a mi razón de ser.

Así fue cómo pude juntar los ahorros de toda mi vida y decidí dejar mi casa y a mis padres por algún tiempo. Así como también dejé lo más preciado de mi vida hasta entonces: mi trabajo y mi taller artístico, donde, de vez en cuando reproduzco una que otra obra de arte. Pensé que a lo mejor regresaría con nuevas ideas, tales que pueda plasmar en mis nuevas pinturas. Una gran y larga aventura siempre resulta ser el tema central y principal de interés en la inspiración para empezar a plasmar los sentimientos y las ideas; y así, poder realizar nuevas obras.

§§§

Tomo un taxi y me dirijo a la zona sur de la ciudad de La Paz. Esta zona, en contraste con el centro, tiene una menor altitud, y es por eso que su clima resulta ser menos frío. En esta zona se encuentran la mayoría de los barrios residenciales de la ciudad de La Paz, además de ser en la actualidad el segundo centro comercial y financiero que mueve a esta ciudad.

Me dirijo a un lugar llamado Mallasa, para pasar allí toda la tarde, tener contacto con la naturaleza, ver cosas hermosas, y poder maravillarme una vez más de las asombrosas cosas que los divinos lugares de este planeta nos pueden llegar a ofrecer.

Este cálido, colorido, y pintoresco lugar ha resultado ser un lugar muy tranquilo, lleno de vegetación, de cerros impresionantes, tales que pareciesen haber sido tallados por un gigante. Además es un gran destino ecoturístico que ofrece esta ciudad.

Mientras contemplo el atardecer y la puesta del sol en uno de los muchos parques con los que cuenta Mallasa, recostada sobre la verde y fresca hierba en este majestuoso lugar, al ver a unos niños alegremente correr y jugar con todo lo que parezca servir de juguete, empiezo a preguntarme: ¿Cómo es que de repente y sin darnos cuenta, dejamos de ser unos niños quienes no conocen más nada que la autentica perfección de las cosas y de la vida misma, siempre conservando su enigmático misterio, para luego terminar volviéndonos personas adultas tan caóticas, problemáticas, e inconformes? En cierto grado, llegamos en algún momento de nuestras vidas a sentirnos confundidos, sin virtudes, sin esperar merecer nada en absoluto, ni siquiera afecto. ¿Por qué, cuando somos niños, no podemos vivir sin cuidados y sin amor, pero una vez adultos hemos aprendido a vivir a la deriva y hemos mermado el amor de nuestras vidas? Es una gran ironía observar cómo generalmente vamos por la vida ignorando y esquivando a todo aquello que pasase por nuestro lado, evitando cualquier tipo de roce, como si las cosas que suceden a nuestro alrededor realmente no importasen un comino, puesto que hemos llegado a construir barreras y muros tan grandes y altos para así escondernos de todos y de todo.

Definitivamente algo está sucediendo. Definitivamente hay algo erróneo en el comportamiento y en el actual desarrollo de la percepción hacia la vida en sociedad. Creo que ahora empiezo a darme cuenta de cómo son las cosas. Todo aquello que actualmente conocemos no lo es absolutamente todo. Hay algo más, definitivamente hay algo más, algo más grande, algo que es superior, algo que está ahí presente en cierta manera, algo que trasciende a nosotros en todo sentido, algo que no lo vemos, porque simplemente no podemos verlo con tanta facilidad debido a que poco a poco hemos perdido la capacidad de poder ver todo aquello que trasciende a todo lo que nos rodea.

Puedo llegar a creer que esa ceguera es un relevante factor por el que la humanidad y las sociedades andan tan perdidas, tal y como si andarían a tientas en una habitación oscura buscando a ese algo que una vez olvidaron y dejaron atrás. Ese algo que tanto buscan, podría ser en cierta manera el equivalente a un interruptor; que con tan sólo presionarlo, llegaría a alumbrar a esa tenebrosa y oscura habitación que por mucho tiempo ha sido el equivalente de nuestras vidas, y sólo así se nos aclararía la verdad; esa verdad que siempre ha estado ahí, pero que no hemos sido capaces de poder siquiera sentirla, mucho menos de verla.

Sólo espero una cosa, una cosa muy importante, posiblemente la más importante de todas. Sólo espero de todo corazón que al momento de regresar a casa, toda esta experiencia de vida que he podido capturar todos estos meses de todos estos magníficos lugares por los que he estado de visita y todo esto por lo que he pasado, no termine por convertirse en una simple y olvidada experiencia de un "lindo viaje" que alguna vez realicé. Sólo espero que esta experiencia perdure, se mantenga y pueda ser el detonante de una gran y nueva vida que me espera en algún lado. De esa manera, de una vez por todas, pueda dejar atrás a la antigua y monótona vida que he sabido tener por veinticinco años enteros de mi vida.

Siempre cuando se aprenden cosas nuevas, y generalmente cuando esas cosas nuevas van a sustituir de una manera definitiva a las cosas anteriores, existe cierto rechazo y cierto mecanismo de freno cargado de incertidumbre antes de emprender un nuevo camino.

A pesar de que soy consciente que debo seguir adelante con una nueva forma de vivir, una nueva forma basada en la libertad y en el descubrimiento, a veces siento a la inquietud flotando en mí, queriendo frenar la manera de cambiar lo conocido por lo nuevo y desconocido.

Pienso que hacer las cosas bien es un tanto difícil, o al menos posee un difícil comienzo. Ya son muchas las veces las que pienso que talvez debería dejar todo esto a un lado, bajar la guardia y simplemente desistir. Ya son muchas veces en las que pienso que debería ser y actuar de la manera más fácil, la manera tradicional, actuando y viviendo como una persona común o "normal", que debería tener una vida como todos la definirían y llamarían "normal".

Debería tener un trabajo "normal". A pesar de que precisamente ese trabajo no me guste lo suficiente, y aunque yo no esté lo suficientemente conforme con éste, pero solamente hacerlo como lo hacen todos, en un afán por sobrevivir, por subsistir y tener siempre algo de dinero contante y sonante en el bolsillo.

Si hay algo que siempre me he preguntado reiteradas veces es lo siguiente: ¿Qué es lo que todos definen como normal? Trabajar ocho horas a diario, luego esperar con ansias al anhelado sábado para finalmente poder tener algo de diversión, dormir todo el domingo entero, y así volver a empezar una y otra vez. Me pregunto: ¿Eso es una vida normal? No me parece en lo absoluto. Al contrario, eso es lo más parecido a la rutina de un preso en la cárcel haciendo lo mismo una y otra y otra vez, hasta poder finalmente liberarse. ¿Y después qué sigue? Casarse ante una iglesia para poder satisfacer a una norma más de la "sociedad normal", para luego una vez casados, poder tener hijos, y así seguir la rueda rutinaria de la vida, manteniéndolos y criándolos exactamente y de la misma manera por la que hemos sido criados. Porque fuera de eso no creo conocer siquiera otra manera de crianza, excepto esa que ha existido siempre. Y, ¿luego qué? ¿Morir orgullosa de haber cumplido obediente y concienzudamente un ciclo, un legado más de mis antepasados y de la actual sociedad? ¿Es que ahí se acaba todo? ¡No, no, no y no! Simplemente no lo creo; no creo que la vida se reduzca a simplemente eso, no creo que pueda ser y definirse como tan sólo un puñado de normas y legados, ni tampoco creo que sea reconfortante saberlo. Tiene que haber algo más, algo más que por alguna razón desconocemos; hemos quedado cegados a tal punto de convertirnos en los seres monótonos y limitados que hemos sabido ser por muchísimo tiempo hasta ahora.

Esta idea de vida debería de ser infinita, conquistada y superada una y otra vez, de la misma manera en que los científicos y astrónomos están cada vez descubriendo nuevas cosas, nuevos planetas, nuevas constelaciones, estrellas, sistemas, y galaxias en el espacio. Es así como creo que la vida en este planeta y la vida de las personas dentro de éste deberían ser—siempre en constante descubrimiento, siempre en constante aprendizaje, siempre evolucionando y expandiéndose una y otra vez ilimitada e infinitamente.

Creo—y llego a pensar, que después de todo y sobre todo, lo más importante de todo esto—que la vida en sí y todo lo que la rodea, en resumen llega a ser demasiado simple. Los únicos complicados y dramáticos somos los seres humanos que caminamos cegados por la vida, cargando con nuestros dramáticos pensamientos y comportamientos tomados de la sociedad "normal", llegando a ver una simple línea recta como un tenaz laberinto sin salida.

Si hay algo muy cierto, es que los únicos causantes de tanto drama y de tanto problema mundano llegamos a ser nada más y nada menos que nosotros, complicándonos hasta de las cosas más insignificantes, perjudicando al resto como a nosotros mismos, ignorando las cosas más esenciales, sólo por ridículos caprichos que bien pudieran cobrarnos la vida.

A pesar de no ser una conductora frecuente, tuve el coraje de manejar por las carreteras de las distintas ciudades por las que visité, para poder dirigirme fácilmente de un lado a otro rentando un vehículo. Y fue ahí en el preciso momento en el que pude determinar que toda carretera, por más mala que fuese su reputación, es vía totalmente segura. Realmente no llegaba a entender el por qué de los tantos accidentes que ocurrían en los caminos y en las carreteras hasta que pude verlo por mí misma y pude determinar que la única justificación a tales accidentes, no son más que meros errores y caprichos humanos. Errores que van desde la desobediencia de los insolentes conductores hacia las instrucciones y las señales viales, hasta la falta de respeto a las normas más básicas como a no cambiar de carril, a no pasar a otro vehiculo, a no acelerar, a respetar cierta velocidad limite; muchas veces la gente incluso ha llegado a ignorar por completo el significado de la luz roja en los semáforos.

Es así como los peores accidentes y el caos vial han llegado a ser no otra cosa que el reflejo de los caprichos y actitudes humanas que generan malestar una y otra vez. Somos conscientes de todos los malestares que están causando nuestros caprichos, y aún así no nos importa. ¿Es que realmente se debería hacer una drástica intervención tal como se separan las manzanas podridas de las buenas? ¿Por qué razón entonces nacemos y venimos a este mundo si vamos a pasarnos la vida generando malestares y haciendo daño?

Nunca entendí cabalmente la razón exacta del nacimiento y el porqué de éste, pero siempre fue uno de los temas centrales de mis jamás respondidas y eternas preguntas. Creo que por alguna razón biológica existe el nacimiento y por alguna razón pasamos de ser bebés a convertirnos en adultos, por alguna razón algunos nos hacemos ricos y otros pobres, algunos triunfan, otros fracasan en el intento—y otros ni siquiera hacen el intento de intentar. Talvez el destino llega a ser un factor determinante en la vida de cada uno de nosotros, o talvez no. La verdad es que, en cuanto a la vida, me siento una total ignorante.

Probablemente existe alguna razón por la cual venimos a este mundo, desnudos y frágiles. Pero luego de haber enfrentado solos la batalla de nueve meses de gestación dentro de nuestras madres, talvez debido a la misma razón es que cuando regresamos de donde venimos, lo hacemos igualmente solos y frágiles; no nos llevamos nada, excepto un nosotros desnudo a aquel viaje tan desconocido al que tanto tememos y llamamos muerte.

Infinitas veces me he llegado a preguntar cómo pudiera haber sido tanto mi vida como la vida de alguien más, cómo seríamos, y en qué posición nos encontraríamos ahora si en un determinado momento hubiésemos tenido la fortaleza y la total decisión de haber hecho lo que realmente quisimos desde un principio, y de una manera libre de prohibiciones y privaciones. Además me pregunto cómo hubiese sido ahora esa vida si se hubiera hecho las cosas sin tener que postergarlas ni postergarnos a nosotros mismos sólo por tratar de quedar bien con alguien o de algún mezquino modo satisfacer a alguien o a algo—ya sea a la familia, a la religión, a la sociedad, u otros—sin postergarnos por que en un determinado momento nos dijeron que somos muy jóvenes para intentar hacer algo, o por que somos mujeres para hacer cosas que según ellos son cosas de hombres, o por que somos pobres, o por que no estamos casados, o por que tenemos cierto color de piel, o por que no pertenecemos a ciertas clases sociales.

No puedo figurarme cómo hubiesen resultado las cosas, si en algún determinado momento de nuestra temprana existencia, pudiésemos haber identificado todo aquello lo cual hace que las personas una vez nacidas pobres y desdichadas, decidan renacer de las cenizas y se conviertan en magnates, constructores de grandes imperios, y hasta grandes lideres, en vez de actualmente ser esclavos de una rueda de legados y tradiciones ancestrales inquebrantables, condiciones que según alguien éstas deben seguirse sin lugar a quejas al pie de la letra.

Empiezo a creer que absolutamente todo es posible de realizar, y que nada, absolutamente nada, es una limitante para nada, ni siquiera el dinero lo es.

Me pregunto: ¿Qué sucedería si pudiéramos identificar de antemano el camino correcto, aquel que nos llevará a tener éxito y a triunfar en esta caótica vida? ¿Será posible poder ver el futuro aunque sea por un instante, aunque luego se tenga que volver al presente?

¿Será que todo está escrito, o será que las cosas se desarrollan en el presente y se extienden hacia el futuro?

Una y otra vez aparece la interminable y aparente pregunta sin respuesta que no me deja en paz: ¿En qué consiste realmente la vida? ¿Está el destino escrito en algún lugar de nuestro ADN con tinta invisible? ¿O es libre albedrío y azar, como un juego de póker? ¿Por qué poseemos una vida pero no tenemos claridad ni sabemos con certeza lo que ésta es ni las instrucciones para poder manejarla?

Luego de tantas vueltas y vueltas y horas de horas sobre lo mismo, formulando la misma pregunta una y otra vez, pude observar a una señora lavando manualmente ropa en una batea desde el balcón de su casa ubicada a unos pasos del lugar en el que yo me encontraba. Y de repente, pude entender algo. Pude ver algo, y pude darme cuenta de algo muy importante: que cada ser humano actúa como una burbuja en el aire. Cuando soplamos a las burbujas en el aire, observamos que todas flotan solas a pesar de ser lanzadas al mismo tiempo. Podemos ver que todas se elevan solas, y eso es lo que las hace livianas y permite que se eleven muy, pero muy alto.

Las burbujas que intentan de elevarse pero lo hacen cargando gotas y exceso de peso, tambalean, chocan contra cualquier cosa—y luego explotan. Sólo las burbujas sin gotas adheridas, sin carga extra, son más livianas, flotan mejor, se elevan mejor, y son las que llegan primero hacia la cima.

Las burbujas que viajan juntas y pegadas entre sí tienen que cargar no sólo con su mismo peso, sino con el peso ajeno y adicional de la otra burbuja, ellas tampoco jamás llegarán a elevarse ni llegarán a lo más alto. Ellas sólo llegarán hasta cierto nivel, ya que el mismo peso acumulado las hará explotar, a menos que en cierta parte del camino hacia la cima, ellas se separen, claro está.

Es evidente que si comparamos a las burbujas con las personas, podríamos llegar a concluir que por alguna razón es que nacemos y morimos solos; iniciamos solos y llegamos a la cima solos, y solos nos realizamos en el recorrido del camino de esta vida.

Como un foco que se enciende y aclara la tenebrosa oscuridad, de repente creo que empiezo a comprender aquellos mensajes dados por aquellos grandes y majestuosos personajes, por aquellos gurús, santos y sabios, quienes nos dicen que no construyamos una casa en el medio de un puente, que no seamos avaros, que no acumulemos cosas, y que es mejor si viajamos ligeros. Ellos no precisamente se referían a las cosas materiales, ¿por qué privarte de cosas materiales si hay tanta materia en este mundo? Creo que ellos se referían no precisamente a lo material, sino a los estados internos, a los pensamientos y actitudes acumuladas durante tantos siglos y años de evolución.

Creo ahora entender por qué un maestro se despoja de ellos y los deja a un lado—para viajar solo y así llegar fácilmente a la cima. Puedo imaginarme a cada uno de ellos diciéndonos: "No los acumules, no los cargues, que no te pesen, que no se te peguen como gotas excedentes adheridas. Si los cargas llegarás a explotar en cualquier momento y jamás llegarás a la cima".

Llego a pensar que lo que ellos quieren decirnos es que no acumulemos ni pensamientos, ni acciones, ni problemas ajenos tomados de la sociedad en general; puesto que ellos no nos pertenecen como seres libres que en realidad somos, impidiéndonos llegar a nuestra meta suprema que es la libertad.

Aquellos grandes y sublimes personajes nos tratan de decir que no nos involucremos en ellos, que no los hagamos parte de nosotros, puesto que la vida está compuesta de palabras y acciones, y las palabras y las acciones están compuestas y originadas por los pensamientos y la voluntad. Es así como, al igual que una burbuja, debemos fluir libres y livianos por esta vida; tal como dicen, que a veces más vale estar solo que estar mal acompañado. El asunto es que en realidad, cada ser humano es una pieza única en el rompecabezas de la vida. Cada ser humano es un mundo aparte, y por sí mismo deberá descubrirse y hacerse a sí mismo.

§§§

Ya empieza a atardecer, y pronto caerá la noche. A medida que el día va oscureciendo, siento que ciertas cosas y que ciertos criterios se van aclarando para mí en función a mis dudas existenciales. Empiezo a creer y a sentir que hoy fue un día muy especial. Hoy fue un día "D", y hoy tuve un primer encuentro con una diminuta pieza de la verdad, una pieza que siempre estuvo ahí en alguna parte, pero hasta ahora, nunca fui capaz de verla—al igual que muchos otros.

Por alguna razón nos denominamos individuos, y no "colectivos". Ésa es la razón por la que somos todos seres únicos, genuinos, y por lo tanto, aunque nos mezclemos en el mar de la multitud, seguiremos siendo únicos, seguiremos siendo individuales, y no nos juntaremos jamás como burbujas que amontonadas entre sí, jamás se elevarán. Creo ahora poder entender que con el simple hecho de tomar como analogía a las burbujas con la humanidad, puedo llegar a tener una leve comprensión de lo que podría ser la vida.

Si hay algo que siempre me ha sido difícil de entender, es por qué las personas andan por la vida abrumadas y desesperadas, tratando de encontrar a como de lugar a su media naranja, siempre buscando un complemento, asumiendo que son seres incompletos, cuando en realidad cada uno de nosotros no somos más que naranjas enteras rodando por donde mejor nos acomodamos, además estamos aquí para crearnos, descubrirnos, y continuamente redescubrirnos a nosotros mismos.

Ahora siento que por primera vez soy libre y plena; siento que todos somos un solo y un todo a la vez. Ahora siento que somos el equivalente a todo un mundo por descubrir y que toda una verdad por conocer nos espera en algún lugar. El universo está esperando por nosotros para ser descubierto, y descubrirlo es nuestra naturaleza inherente. Así que, ¿por qué no empezar a hacerlo hoy?

Talvez de eso se trate la vida; talvez por ello es que todos hemos nacido y estamos en el lugar en el que hemos decidido estar. Pienso que la vida no puede ser tan sólo un puñado de años y de legados monótonos de conocimientos y de acciones limitadas y totalmente preconcebidas. Tiene que haber más, tiene que haber mucho más, detrás de esa espesa cortina de imposiciones y modelos totalmente impuestos de formas de ser y de actuar, a la que han decidido llamar vida.

Todos nosotros tenemos la opción y la elección de inventarnos y reinventarnos a cada momento y cuando así lo deseemos. Tenemos la elección de crearnos y recrearnos igualmente cuando así lo queramos. Sólo así lograríamos fluir libremente por la vida, rompiendo todos esos clásicos modelos y legados de comportamientos ancestrales. Talvez, actuando de esa manera, podríamos evitar enredarnos en la gran maraña de imposiciones, la cual es posiblemente todo lo que conocemos hasta ahora, donde nos enseñan constantemente a olvidar que podemos crear, sólo para que terminemos aceptando las creaciones de alguien más como propias y como la única realidad. Lo cierto es que la vida es tan, pero tan mágica, que el simple hecho de vivir es un acto netamente creativo.

De una vez por todas, mi decisión está tomada. Decido que esta vez no regresaré a casa aún. Continuaré con este viaje. Conoceré más cosas; aprenderé del mismo mundo; aprenderé el significado, el verdadero y total significado, de lo que es la vida en realidad.

Ya es un hecho. Voy en búsqueda de la verdad; mi carpa, mi bolsa de dormir, mi ración de alimentos secos y algunos enlatados me acompañarán a llevar a cabo esta gran decisión.

II

DESPEGAR

Adiós a todos, si existe algo real y verdadero es que no es posible renovarse a uno mismo, ni renovar algo sin antes haber descartado lo viejo y lo que ya no funciona.

hora siento que ya tuve un pequeño encuentro con la verdad, o al menos con una pequeña pieza de ella; ahora más que nunca empiezo a creer que hay algo dentro de nosotros, algo mucho más grande incluso que nosotros mismos, más grande de lo que pudiéramos alguna vez imaginar, algo que nos hace respirar, que nos mantiene vivos y nos impulsa a hacer ciertas cosas. Gracias a eso giramos y nos movemos de la misma manera en que lo hace nuestro planeta y todos los astros que conforman al universo.

Todo depende en buscar y rebuscar dentro de uno mismo, hasta poder encontrar el interruptor que enciende e ilumina nuestra existencia y nos permite ver la realidad. Estoy segura de que esa realidad es lo más aproximado a la verdad de las cosas, aquella verdad que por alguna razón no somos capaces de verla, pero ¿podría existir una verdad que pudiese ser considerada como una verdad única, total y absoluta? ¿O es que existen tan sólo pequeños fragmentos dispersos de ella, tal y como piezas de un rompecabezas esperando a ser unidas?

Tal verdad, única, total y absoluta, si existiese, posiblemente sea tan grande y talvez tan incomprensible ante nosotros, así como se dice que cada ser humano es considerado como un mundo aparte. Es entonces posible que cada uno de nosotros, que cada ser humano presente en esta vida posea una propia verdad, una pequeña pieza de verdad que en algún punto se fusiona con la verdad total, única, y absoluta. Quizá a partir de ello es que nace la inmiscible y la auténtica diferenciación, así como la gran diversidad entre las personas y sus diferentes estados internos, pensamientos, sentimientos, gustos y acciones que nos llevan a la conversión de auténticos seres habitantes de un autentico y sin igual mundo, dentro de un genuino y original universo, lleno de cosas maravillosas y grandiosas funciones, de las cuales, pienso yo que incluso en estos tiempos actuales desconocemos su razón de existir y su función natural de ser.

Luego de mi pequeño encuentro con una pequeña pieza de verdad, empiezo a sentir por primera vez en mucho tiempo que soy libre. Ahora más que nunca, soy libre de todo prejuicio, libre de toda intención que me pueda hacer cambiar de opinión sobre lo que ahora siento y deseo. Puedo imaginar que esto debe ser con exactitud la sensación de un prisionero luego de ser liberado de su restringida celda después de muchos años en prisión.

Así es como por vez primera empiezo a sentir que acierto en la toma la decisión correcta para mí, así es como decido recorrer aquellos lugares donde el hombre "normal" no ha recorrido. Decido ir a donde el hombre "normal" no ha ido. Decido salir de la multitud, salir de aquel común denominador humano, y así finalmente decido quitarme la carga excesiva de ignorancia que he sabido llevar conmigo durante bastante tiempo. Decido vivir la gran experiencia de conocer todo lo que el hombre común no conoce por el mero hecho de haber pasado una vida entera aferrados a un ciclo de vida que se amolda perfectamente a ese molde social común o mejor conocido como "normal", como si en verdad todo ya estaría dado por concluido y no existiese nada más en este extenso mundo por descubrir.

Siempre me he preguntado: ¿Por qué la gente adora amontonarse y perderse entre la multitud? ¿Por qué todos hacen lo que todos hacen y se dirigen a adonde todos se dirigen? ¿Quién les dijo que actúen infaliblemente de esa manera como si eso fuera lo correcto o la mejor elección?

Lo cierto es que hoy siento con vehemencia que ya me cansé de pertenecer a ese molde; de manera que se puede decir que hoy es mi primer día en libertad total. Hoy pude salir de ese rígido molde del que fui prisionera por tanto tiempo. Es reconfortante sentir que por primera vez en la historia de mi vida podré hacer algo diferente a lo que siempre hice y por ende, diferente a lo que todos hacen. Es gratificante saber que podré finalmente tener plena libertad de realizar algo totalmente diferente al "común", a ese común que alguna vez nació en libertad, para luego, a lo largo de su desarrollo optar por meterse al mismo molde que todos, habiendo matado a sus iniciativas y a sus anhelos propios, para seguir una línea normal de tendencia, haciendo sólo aquello que les enseñaron y permitieron hacer y nada más, para luego morir sin haber ni siquiera imaginado, ni siquiera especulado su fugaz e imperceptible visita a este efímero mundo—tal como sucede con muchos individuos en la actualidad.

Yo tengo un ferviente e inquietante deseo de descubrir cosas diferentes y únicas. Anhelo además conocer y experimentar lo que aquellos grandes y majestuosos personajes llegaron a descubrir en su iniciativa por querer descubrir todo aquello que existe y se esconde más allá de las fronteras, más allá del limitado camino trazado por la restringida sociedad. Deseo fervientemente poder ver y poder comprender todo lo que ellos una vez libres de ataduras llegaron a ver y a comprender en sus incesantes búsquedas hacia la libertad y el infinito conocimiento. Deseo tanto, pero tanto, poder comprender todo aquello que está ahí presente en la vida, pero que en condición de simples y limitados seres, a simple vista no podemos verlo, ni siquiera imaginarlo.

Hoy, un mágico domingo de noviembre, el mundo entero es un fiel testigo de esta decisión, de mi propia decisión de vivir una aventura y descubrir todo aquello que existe fuera de los límites y de las inexpugnables barreras creadas por los mismos humanos para los humanos. El mundo entero es testigo de mi propia decisión de re crearme a mí misma. Pero sobre todo haré esto, porque creo merecerlo, además porque soy humana y consciente de haber nacido totalmente libre. Ahora más que nunca, siento que tengo el total y pleno derecho de hacer todo aquello cuanto con todo el corazón desee.

Desde ahora y en adelante, he decidido veraz y fielmente que no pertenezco a nada ni a nadie más que a mí misma, a mis sentimientos, y a mi innegable decisión de trascender las barreras de la esclavitud y de conquistar un poco más allá y satisfacer a mi innegable deseo de libertad total.

Tal como sucedió cuando decidí dejar mi casa para poder conocer la diversidad de mi país y así poder determinar lo que soy, discriminando y discerniendo todo aquello que no soy, para así poder cabalmente comprender quien soy, de donde vengo y lo que hago aquí; de la misma manera surgió la decisión de dejar atrás el bullicio de esta ciudad, para poder por primera vez escucharme a mí misma.

Así es cómo de una vez decido tomar la decisión de recorrer aquellas zonas y aquellos lugares no convencionales para el ojo común, mientras voy dejando atrás a las luces y a la bulla de la ciudad, a la multitud, al caos y a la desorganización. Lentamente voy dejando atrás a la manada social humana, que se amontona en monotonía, pues tal como una manada, todos se juntan para perderse en lo monótono y en lo común siglos tras siglos hasta el final. Las multitudes, al igual que las manadas, tienen algo en común: todos se reúnen para formar grupos constantemente crecientes en tamaño y en número de miembros, con la intención de mantenerse siempre unidos, protegiéndose así entre ellos tal como una manada lo hace de los depredadores y de las amenazas externas, recorriendo los caminos juntos y siempre juntos hacia donde sólo uno, sólo aquel que es considerado el líder desea dirigirse y conquistar.

Ningún ajeno a la manada puede ingresar tan fácilmente, sin antes haber demostrado tales virtudes comunes y requeridas para poder pertenecer a la manada. Los que no poseen características símiles para pertenecer y complacer a lo que la manada espera, terminan por ser separados y eliminados, tachados de extremadamente rebeldes, y dejados a la intemperie para que sigan su propio camino, solos y al acecho. Es así cómo muchos desahuciados han terminado por decaer hasta morir por el simple hecho de verse solos. Pero como toda regla tiene una excepción, algunos pocos han sido capaces de fortalecerse, evolucionar y de formar una nueva manada—aunque eso no suele ocurrir con tanta frecuencia.

En estas circunstancias, siento que tengo el chance de decaer o por lo contrario de evolucionar; tengo el chance de vivir o de dejar mi alma morir. Ahora me encuentro yo y nadie más que yo ante el mundo; sin tener que rendir cuentas a nadie más que a mí misma de mis acciones y decisiones. Ahora soy únicamente yo flotando en mi propia burbuja, dejando caer y liberándome de todas las gotas excedentes que se han llegado a adherir en mi burbuja todo este tiempo de mi vida. Es bueno saber que ahora puedo decidir liberarme y dejar esas gotas caer, gotas que no han sido otra cosa que el equivalente a la sumatoria de cúmulos de pensamientos, de sentimientos y de acciones premeditadas que se han logrado impregnar en mi burbuja a lo largo de todos estos años.

Ahora, más que nunca, siento que puedo elevarme con facilidad y que puedo viajar ligera y libremente, ahora siento que floto en mi nueva burbuja, una burbuja más liviana, sin ningún excedente adherido a mí de ningún tipo; por primera vez, ahora claramente veo que somos yo y el mundo, a diferencia de lo que solía ser. Antes eran primero las obligaciones y deberes, luego el mundo, y quien sabe, si sobraba tiempo talvez yo. Ahora somos tan sólo yo y el mundo tratando de seguir únicamente lo que realmente importa y vale la pena seguir, únicamente a lo verdadero, únicamente a lo natural, siguiendo sólo al corazón, a los sentimientos y a los instintos naturales, teniendo a la mejor protección de todas: a los sentimientos y a los fieles e infalibles sentidos.

En el recorrido por los diversos lugares y ciudades que implicaron este viaje, aprendí por experiencias tanto propias como ajenas, que un sentimiento o una corazonada pueden desde hacer a uno feliz hasta salvarle la vida. A todo esto, concluyo que si llegásemos a estar mal y en crisis en algún momento de nuestra existencia, es porque hasta ahora no hemos aprendido a escucharnos a nosotros mismos, tal como si hubiésemos decidido por cuenta propia bajar el volumen de nuestro ser para no escucharlo más.

Pienso que si alguno de estos días tuviéramos la oportunidad y si lográsemos escuchar tan sólo una palabra o una leve vocecita interior hablándonos o advirtiéndonos acerca de algo, con mucha seguridad, ésta llegaría a ser ignorada por completo por cada uno de nosotros, debido a la mera ignorancia humana y al total desinterés hacia las cosas que no entendemos. Además, como nadie nos enseñó alguna vez a escucharnos a nosotros mismos, entonces tal cosa es tarea imposible. Así que, por lo tanto, concluiríamos con una respuesta final y absoluta: no es posible hacerlo.

Es gracioso ver cómo esto sucede día tras día, cómo la gente se toma las pequeñas cosas y hasta las más diminutas e insignificantes cositas tan pero tan en serio, es increíble ver cómo dramatizan y amplían todo aquello que existe, cómo generalizan absolutamente todo lo que creen conocer y no ven más allá de una oportunidad, dando mayor importancia al pequeño problema inicial que se podría llegar a presentar en el primer intento por hacer algo. Puesto que lo que llega a ser "imposible" para uno, por regla general tiene que serlo de la misma manera para los demás, y para absolutamente todos sin lugar a distinción, es una ironía el observar cómo mucha gente ha dejado tantas cosas atrás, sólo porque alguien en un determinado momento de la carrera de sus vidas les dijo que tales cosas no se pueden hacer, y por ende son cosas imposibles de intentar y de pensar siquiera. Es increíble la manera en que la gente ha tachado las cosas de una manera definitiva y absolutamente imposible para todos, cuando se refieren a aquello que en primera instancia ellos mismos no han sido capaces de realizar y han llegado a fracasar en el intento.

Es gracioso ver cómo ellos desean exhortar a los demás y a sus semejantes, a buscar otra cosa que hacer, sólo por que ellos fracasaron y por ende tiene que ser igualmente imposible de realizar para el resto de la humanidad. Sin duda eso es algo que arrastra y atrapa como una vertiginosa corriente a la gente de generación en generación hacia un mundo banal y sin posibilidades. Hacia un mundo donde todos se quejan, lamentan y desesperan, porque de antemano ya están programados para ver que ya todo está hecho e intentar hacer cosas diferentes son proezas imposibles de realizar. Hacia un mundo tal y cual como el que conocemos y habitamos hoy en día, un mundo en el que supuestamente ya no existe nada más que se pueda hacer o intentar, un mundo en el cual siempre existe un obstáculo para todo, pero este obstáculo no es más que un obstáculo humano. Tal cosa pareciese el contenido de una novela dramática o el de una película de terror, pero casualmente sucede que todo esto es lo más parecido a la actual manera de actuar de la humanidad; esto es lo que sucede diariamente en nuestro mundo, donde nos despertamos y vivimos día tras día.

§§§

Me encuentro en terreno desconocido. Lamentablemente no conozco muy bien la geografía de esta ciudad, ni tampoco conozco a sus alrededores. Sé que por más que tuviera una brújula o un dispositivo GPS, en estos casos no me serviría mucho de todas maneras, puesto que he tomado la decisión de esta vez dejar que mis sentidos se encarguen de todo lo que pueda suceder de ahora en adelante y que mis guías sean nada más y nada menos que mis propios instintos. Por primera vez aprenderé a escuchar a mi vocecita interior, y esperaré a tener una respuesta verdadera que provenga de ella.

Todos dicen que tan sólo poseemos cinco sentidos y nada más, pero honestamente yo no creo que todos tengamos que ser reducidos a un pequeño número cinco en cuanto a sentidos. Siempre he tenido la idea de que muchas más cosas y sentidos nos rodean y nos definen como plenos y totales seres humanos, tales como la percepción, la capacidad de premonición, la capacidad extra sensorial, entre muchísimos otros más sentidos que fluyen por nosotros día a día pero no los comprendemos, talvez debido a ello no les atribuimos importancia, sólo porque alguien dijo alguna vez que los humanos únicamente poseemos cinco sentidos y eso es todo, fin de la historia, ahí se acabo todo.

¡Ya me harté! Ya me harté de todo y de todas las limitaciones que existen en esta vida y en este mundo. Si hay algo muy cierto, es que por demasiado tiempo nos han tenido encerrados en un closet. Por demasiado tiempo nos han dicho y nos han hecho creer que todo tiene un límite, que todo tiene una medida, que todo se traduce en un "X" número, y que de todo sólo se puede tener una "X" cantidad. Siento que todo este tiempo no hemos hecho otra cosa que seguir

a aquel quien dijo que las cosas sólo funcionan de una determinada y limitada manera y punto final, que el mundo es así y asa y que no existe nada más allá de lo que nos dicen que supuestamente hay, y que las cosas son así, por que sí y punto final, sin lugar a discusión.

Pero si todo fuera así, como dicen ellos, entonces quién podría responder a esta arbitrariedad, ¿por qué entonces el universo es simplemente inmensurable e infinito, y no tiene una determinada lógica que se pueda medir?

Creo que empiezo a sentirme engañada acerca de las cosas y del mundo que hasta ahora creí conocer. Ahora siento que puedo ver con claridad mi vida en retrospectiva; puedo verla desde el día en que he nacido hasta hoy, y no veo más que una manipulación dirigida, pero, ¿por quién?

§§§

¡Alto! Espera un momento, Marú, tan sólo detente por un momento. ¿Pero qué rayos estoy haciendo? ¿Adónde estoy pensando dirigirme? ¿Realmente creo estar haciendo las cosas bien?

Empiezo a dudar de mi decisión y de todo lo que desde ahora en adelante podría sucederme, mientras mi conciencia seguía atormentándome y disparándome a quemarropa entre dudas y preguntas, tales que humanamente yo no era capaz de responder.

¿Qué hago ahora? ¿Es esto seguro? ¿No corres peligro? ¿Qué hago si algo me sucede?

Empiezo a bajar el ritmo y a caminar un poco más lento. Camino y doy vueltas en círculos, una y otra vez en el mismo lugar, tal como lo haría un niño indeciso y lleno de miedo al momento de ingresar en un nuevo lugar, solo y sin sus padres, quienes lo lleven tomado de la mano y le den todos los ánimos necesarios para que pueda seguir adelante sin desistir.

No tenía este suceso planeado para nada. Yo pensé que una decisión así hubiera sido tomada con más calma y ejecutada con más seguridad, pero lo cierto es que empiezo a sentir ganas de desistir y de dar un paso hacia atrás.

Siento que empiezo a sofocarme y a desesperarme. Siento que a través de todo mi cuerpo lentamente recorre el pánico, y empiezo a sentir miedo. Puedo observar cómo la noche frente a mí empieza a caer, cómo el día empieza a tornarse oscuro, más, y más oscuro aún con cada minuto que va pasando; puedo empezar a sentir el frío que se apodera de la noche y de mí, y cada vez siento más y más frío.

Añoro mi cama, mi tibia y cómoda cama. Empiezo a extrañar el pequeño, pero seguro y cómodo departamento que renté en esta ciudad. Tan sólo ayer dormía en una esponjosa y blanda cama, y ahora estoy aquí sola ante la intemperie sin saber qué hacer.

¡Está bien, está bien! Sólo tranquilízate, Marú, sólo respira profundo, sólo relájate y no tomes ninguna decisión desesperada ni apresurada. ¡Cálmate, por favor cálmate, Marú! Y recuerda que todo va a estar bien ¡Todo va a estar bien! ¡Todo va a estar muy bien!

Mientras trataba de calmarme a mí misma y trataba de poder tener una visión un poco más objetiva y un poco más clara de las cosas, ninguna decisión inmediata y genial se me ocurría. Absolutamente nada ocurría, absolutamente nada pasaba excepto el tiempo.

Pasé casi dos horas, dos eternas horas, haciendo nada más que simplemente esperar a que repentinamente algo suceda, esperando a obtener súbitamente respuesta alguna acerca de qué es lo que debería hacer desde ahora en adelante, esperando a tener la suficiente claridad y la suficiente determinación, y sobre todo tener la seguridad para poder definir: Si debo seguir adelante rumbo hacia un camino desconocido y quizá lleno de novedades y cosas por descubrir, o dar un paso atrás y volver con el mismo mundo que he sabido conocer durante todos estos años de mi vida.

Aquí me encuentro yo, sola y confundida, observando como una espectadora a mis sentimientos internos, disputándose éstos en afán de pelea, tal como ocurre en un campo de batalla entre lo que debería hacer y entre lo que quería hacer.

¿Adónde voy? ¿Adónde voy? ¿Por Dios qué es lo que estoy haciendo? ¿En qué estaba pensando al momento de decidir hacer esta desconocida travesía e ir a quién sabe dónde?

Y nuevamente nada pasaba, además del tiempo; no pasaba nada en absoluto, ni nada de nada que me pudiera tan sólo orientar hacia donde debo ir. Lo cierto es que ya ni siquiera sé si debo seguir adelante; ni siquiera sé si debo dar media vuelta y regresar. No sé nada y creo que finalmente no quiero hacer nada.

La vana emoción de hacer cosas diferentes al resto de las personas, y por consecuencia lograr convertirme talvez en alguien diferente al realizar actos diferentes, empieza levemente a desvanecerse ante mí, puesto que ahora estas circunstancias empiezan a crearme una duda acerca de nuestras aún inexploradas capacidades humanas. Talvez en cierta forma estábamos viviendo en la verdad todo este tiempo, y talvez no somos más que simples humanos con limitadas facultades y sentidos; posiblemente el mundo no podría ser mejor de lo que es ahora y nosotros no podríamos ser más de lo que somos ahora. Creo que empiezo a decepcionarme de la limitada humanidad; ¡No somos más que simples bloques de carne! ¡Deberían freírnos como hamburguesas!

He pasado casi cinco meses fuera y lejos de casa, cinco largos y aparentemente vanos meses tratando de encontrar algo, algo que posiblemente pueda en cierta forma cambiarme el sentido de las cosas, el rumbo y la monotonía de mi vida; pero lo cierto es que nada extraordinario pasó, nada relevante ocurrió—excepto lo mismo que siempre pasa día tras día. Talvez todos tengan razón; talvez no existe nada más allá de las fronteras. Posiblemente la vida tiene que vivirse dentro del molde; talvez la vida no es más que un puñado y una cierta cantidad de cosas y nada más. Talvez vez me equivoqué al querer buscar y encontrar algo que con certeza no existe, excepto dentro de mi alocada y tonta imaginación.

Estoy llegando a creer que todos aquellos son cuentos infantiles, y que en verdad no existe nada más grande que nosotros dentro de nosotros, que no existe ninguna voz interior ni nada de nada, excepto una cruda realidad que es la vida misma. Si existiese tal voz interna, es muy probable que ya hubiésemos aprendido y dominado a escucharla diariamente.

Me siento perdida y decepcionada. No tengo ni pizca de idea de lo que me depara el futuro. Ni siquiera tengo una leve idea de lo que debería hacer ahora, en este preciso momento, y empiezo a dudar de mi decisión de ir a algún lugar, a ese lugar quién sabe dónde, a ese lugar donde nadie nunca antes fue, y hacer cosas que nadie nunca hizo. Ahora empiezo a poner los pies sobre la tierra, y a ver de una manera objetiva a la cruda realidad, la única que existe, y la única que importa: Me estoy quedando sin dinero. Empiezo a preocuparme por la falta de este bien; lo cierto es que este largo e inútil viaje me costó casi todos mis ahorros.

Empiezo a extrañar mi casa, aunque volver a casa con las manos vacías y casi sin un centavo, para empezar de nuevo y desde cero, significaría soportar las riñas y las eternas advertencias de mis padres, me atormentarían todo el día y todos los días una y otra vez: *¿Ves? ¡Te dijimos que no lo hicieras! ¡Nosotros teníamos la razón! ¡En qué rayos estabas pensando!* Y además de ser tomada por ellos por una descarriada, loca y carente de visión por hacer la tontería que hice; además de ser eternamente juzgada como liberal y desconsiderada ante ellos por haber gastado todo mi dinero en una simple, vana y pasajera aventura, pudiendo en vez de eso ayudar económicamente a mis padres, quienes a diferencia de una mujer aventurera como yo, son asiduos trabajadores… ¡Oh rayos! Creo que esta vez me equivoqué ¿En qué dilema me he metido? Creo que debí haber pensado mejor las cosas antes de dejarme envolver por esta simple y vana aventura.

56

Ahora empiezo a sentir no solamente más desesperación, sino empiezo a sentir vergüenza por mis actos y empiezo también a arrepentirme de la mala decisión que he tomado hace cinco meses. ¿Qué hacer ahora? Ya no hay vuelta atrás, no puedo retroceder el tiempo aunque quisiera hacerlo; ya no puedo remediar esta situación, la cual me ha costado casi todo mi dinero.

Ya casi cae la noche. En unos instantes más me encontraré no simplemente sola, sino también envuelta en la oscuridad total. Creo que esta vez desistiré, desistiré de seguir adelante hacia un lugar el cual desconozco. Lo mejor que puedo hacer ahora es regresar a la ciudad, hospedarme en cualquier hotel para pasar esta noche, y al día siguiente dirigirme a la estación terminal de buses para inmediatamente retornar a casa.

Lo siento mucho, lo siento muchísimo por mí y por mi gran ilusión de descubrir y encontrar algo. Pero esta vez ésta no será una gran aventura; ésta no será la gran aventura de la historia de mi vida. Lo cierto es que no puedo arriesgarme por una simple insatisfacción personal, ni mucho menos por una corazonada que me incita a hacer algo de lo que no estoy segura. No puedo aventurarme así tan fácilmente. ¡Oh mi Dios! ¿En qué estaba pensando?

Decido dar media vuelta de regreso a la ciudad. Decido caminar, en busca de alguna parada de algún bus colectivo, trufi, taxi, o lo que sea que pudiese llevarme nuevamente al centro de la ciudad para conseguir un hotel y pasar esta fría noche allí.

Mientras sigo mi camino de regreso en busca de alguna parada de bus o taxi para retornar a la ciudad, en pleno camino de regreso. De repente llegué a comprender algo. Llegué a comprender algo que no me había dado cuenta antes, y así fue cómo comprendí claramente mi actual situación existencial.

Como recibir un baldazo de agua fría, me paralicé y fue entonces cuando comprendí la verdadera naturaleza de aquellas voces de pánico dentro de mí, voces de renuncia y de incertidumbre, amontonándose como telarañas en una casa vacía. Comprendí entonces que estas telarañas se amontonaron en mi mente por haber creado un enorme vacío debido a las circunstancias exteriores. Comprendí que esas telarañas realmente no eran mías, no eran propiedad de mi mente, no me pertenecían. Al contrario, esas eran las telarañas que habitaban y pertenecían en la mente de esta sociedad; telarañas que en un determinado momento yo decidí tomarlas también y hacerlas propias, dejando que se tejan, se amontonen, y crezcan a través del tiempo dentro de mí.

Pude darme cuenta de que esas telarañas mentales no eran más que el gran cúmulo formado por las voces temerosas, dubitativas, y desesperadas en mi mente, debido a la errada percepción que se ha acumulado, creciendo de generación en generación, creciendo como montañas por muchos siglos, lo cual ha surgido de la creación de un mundo malo y cruel, de un mundo trágico, peligroso, hostil, perdido y sin esperanzas.

Pero yo, desde lo más profundo de mi ser honestamente no lo creo así. No lo veo así, y por lo tanto no lo siento así. Yo no creo que sea cierto que exista tanta maldad, tanto peligro y que el mundo esté tan perdido, pero tan perdido como lo dicen todos. Talvez eso sólo ocurra en una horrorosa película de terror que ha llegado a dominar, tejiéndose y pegándose como telarañas en casi todas las mentes.

Dicen que nosotros somos animales sociales, pero si lográramos ver las cosas de una manera más clara y objetiva, podríamos observar que ningún animal es naturalmente malo; podríamos observar que un animal sólo ataca cuando tiene miedo y cuando se siente confundido, privado y amenazado. Estoy segura que ningún humano posee por naturaleza maldad dentro de él. Si un humano llegase a hacer cualquier clase de daño, lo haría por mera confusión, por miedo, o por ser incomprendido ante quienes lo rodean. Pero así como el miedo y la vergüenza pueden ser superados, de igual manera pienso que el peligro también puede ser conquistado y superado.

§§§

¡Sigue hacia el Sur! ¡Al Sur! ¡El Sur!

Por un segundo me quedé totalmente paralizada, como si hubiera recibido otro baldazo de agua fría. Me detuve, sentí escalofríos, e inmediatamente sentí luego un calor que me recorría de pies a cabeza. Sentí la sensación de querer llorar; mis ojos empezaron a ponerse vidriosos y a lagrimear—y fue entonces cuando nuevamente volví a sentir paz y tranquilidad dentro de mí.

¿Qué pudo ser aquello? Pudo haber sido un pensamiento, o un sonido proveniente del viento, pude haber creado la palabra "Sur" en mi cabeza debido a la desesperación por la que he llegado a caer presa hace unos instantes. Pudieron haber sido muchas cosas, pero lo cierto es que pude escuchar claramente, como un susurro traído por el viento, como un susurro suave, tal como la voz que susurra para contar un secreto... ¡el Sur!

De una manera repentina y como por arte de magia, todas las dudas que en un determinado momento surgieron, desaparecieron de mí por completo; y de esa manera pude volver a sentirme fuerte y decidida para encaminarme e ir hacia donde debería ir: "Al Sur". No cabe duda, eso era nada más y nada menos que una voz interior manifestándose. Es cierto ¡En verdad existe!

Luego de caminar por casi una media hora en la oscuridad de la noche, hacia el Sur, pude lograr divisar un bus que estaba parado. El bus estaba esperando a dos personas quienes ya estaban a punto de llegar. Pude ver que la mayoría de las personas dentro de aquel bus eran extranjeros, quienes se dirigían hacia el Sudoeste para realizar excursiones turísticas en los cerros nevados de allí. Al menos eso decían Julio y Tomás. Ellos eran los guías de la excursión quienes aceptaron llevarme cuando les pregunté si podía ir con ellos, puesto que tenían algunos asientos vacíos en su gran bus. No se hicieron ningún tipo de drama en que yo también fuera con ellos, pero sólo podría ir con ellos hasta cierta comunidad cercana a su expedición; ya que luego ellos continuarían con su cronograma y con su rol turístico.

De todas maneras acepté su oferta, sintiendo que hoy el destino jugaba un importante rol. En cuanto me embarqué en aquel bus, inmediatamente pude ver en el retrovisor del chofer del bus un holograma colgante que decía, "Yo amo el Sur" dentro de un corazón. Sé que talvez podrá sonar un poco extraño, pero definitivamente lo supe en ese preciso momento, supe que aquel era mi bus y que el Sur era mi destino a conquistar, así que nuevamente me sentí llena de felicidad y nuevamente llena de confianza. Aquellos sentimientos me permitieron una vez más seguir adelante. Comprendí entonces que aquel susurro en verdad era mi voz interior. Comprendí que la voz interior nunca se equivoca cuando estamos decididos a convertirnos en personas diferentes.

A pesar de estar embarcada en el asiento trasero de un bus con rumbo hacia el Sur hacia alguna comunidad sureña, encaminándome por un lugar nuevo y totalmente desconocido e incierto en su totalidad para mí, sentía que de alguna manera extraña y no convencional estaba siendo guiada hacia algún lugar, un lugar que existe, aunque no sé dónde. A pesar de parecer incierto, de antemano sabía que sería bueno; sentía que estaba siendo guiada por mí misma a un lugar que presiento que de alguna manera lo sabré una vez allí.

§§§

Una frenada de golpe me despertó, y una voz diciendo, "¡Señorita, ésta es la parada!" Seguidamente la puerta del bus se abrió, y fue ahí cuando supe que ésa era mi parada. Solamente hasta aquí podía llegar yo en este bus hacia el Sur. Así que tomé mi equipaje, y no me quedó otra opción que tener que abandonar el climatizado y cómodo bus.

Una vez en la parada en la que me dejó aquel bus, pude ver que ésta se encontraba en el inicio de una comunidad. Pude darme cuenta que en esa comunidad había muchos cerros de formas muy particulares, formas que ya las había visto antes. Estos cerros parecían haber sido tallados por un gigante.

Esta pequeña comunidad contaba con muy pocas casas, y apenas se divisaban algunas ventanas iluminadas y algunas luces encendidas. Fue entonces cuando pude darme cuenta de que realmente me encontraba en un lugar sumamente lejano, bastante lejos de la ciudad. Me sorprendí al ver la hora en mi reloj; éste marcaba las once y treinta de la noche. ¡Vaya, había viajado poco más de tres horas en aquel bus!

A simple vista, esta comunidad daba la impresión de ser un lugar baldío y poco habitado; muy similar a un monte solitario. Algunas de esas casas estaban iluminadas y otras no, pero al acercarme y al observar un poco más de cerca a la comunidad, pude detectar movimiento por parte de la gente que la habitaba. Al escuchar un ruido particular entre platillos y trompetas, me di cuenta de que los pocos habitantes del lugar andaban de fiesta. Al juzgar por la hora, mejor dicho, seguían de fiesta. Al acercarme un poco más, pude escuchar mejor a aquella banda de música y ver a unos hombres sumamente borrachos sentados en el suelo tambaleándose, balbuceando, y contándose anécdotas aparentemente mientras seguían bebiendo. Esto me hizo notar que la festividad de aquella comunidad ya estaba en su punto culminante.

Mientras lentamente me acercaba un poco más a la comunidad, logré escuchar el llanto de niños, y gritos de mujer, luego algo parecido a golpes, seguidos por gritos de hombre, e inmediatamente divisé la peor de todas las escenas: la escena del maltrato familiar.

Empecé a sentir lástima por ellos, especialmente por la pobre mujer y los infortunados niños, pero inmediatamente sentí que debía alejarme lo más rápido posible de ahí. Sentí que no debía entrometerme en los problemas ajenos; que simplemente dejara todo atrás y siguiera hacia adelante, que siguiera mi camino. Además, siendo realista ¿qué tanto podía hacer alguien como yo con mi tamaño y mi escaso peso para evitar una escena de maltrato en una comunidad ajena y desconocida para mí? Muy probablemente yo hubiera terminado por convertirme en una victima más.

Estaba consciente de la noche y de cuán tarde era. Además hacía mucho frío, talvez demasiado, pero aún así decidí seguir adelante. Empezaba a sentir una urgencia y un cierto apuro por abandonar de una vez a ese lugar. Ya empezaba a desagradarme el hecho de estar ahí de espectadora de costumbres y cosas que no me correspondían ni agradaban en lo absoluto.

Caminaba entonces a paso rápido, ignorando a todo y a todos. Lo más curioso es que de igual manera todos me ignoraban a mí. Llegué a sentirme como una fantasma, porque ni los jocosos borrachos se acercaron a molestarme siquiera, menos aún a querer atacarme o intentar robarme. Algunos me miraban, me miraban como a una cosa chistosa; me apuntaban y se reían. Pero cuando yo los miraba a ellos, y en el instante en que cruzábamos las miradas, ellos bajaban la mirada y seguían haciendo lo suyo mientras yo seguía alejándome lo más rápido posible del lugar.

Fue entonces, cuando luego de haberme alejado por completo de ese lugar, en ese preciso momento, fue cuando llegué a entender algo muy importante: entendí que si se anda por la vida con la suficiente determinación de hacer y lograr algo, todo se aparta de tu camino como por arte de magia; tienes vía libre y luz verde para transitarlo a tu manera y llegar hacia donde quieres llegar. Es increíble que las cosas empiecen a tornarse tan fáciles, y que esto me esté pasando a mí. Generalmente me ha costado un poco el hecho de conseguir las cosas materiales y todo aquello que deseaba cuando estaba entre la gente, puesto que siempre he sido un poco callada, talvez algo tímida para pedir las cosas de frente. Por esa razón, la simpleza y la facilidad de las cosas que me ocurren ahora me empiezan a asombrar.

Es extraño, pero nunca antes me había sentido tan segura de algo que decido hacer, ni tan protegida por mí misma, además por la asertividad de mis decisiones, al menos hasta ahora. Es como la primera ficha del dominó: al principio cuesta caer, pero una vez que cae, empuja a las otras con gran facilidad. Empiezo a sentir que la primera ficha del dominó de mi vida acaba de caer.

¿Es que tienen que apagarse las voces de la ciudad y del gentío para que pueda uno escuchar la suya? ¿O es que más bien tiene uno que alejarse de todo y estar completamente solo para así al fin poder escucharse y poder hablar consigo mismo?

Empiezo a creer que la soledad no es del todo mala, como se la percibe y como la tacha toda la gente. Al contrario, en ciertas dosis, es la más grande de las fuerzas creadoras e inspiradoras que puede llegar a existir.

Estando solo, puedes llegar a encontrar un "Tú" autentico. Sorprenderte de lo maravilloso que puedes ser, de la fuerza y de la capacidad extraordinarias que puedes tener, cosas que jamás pudiste imaginar siquiera alguna vez, y recordar todo aquello que olvidaste y que decidiste dejar atrás, mientras andabas perdido por ahí pegándote a otras burbujas ajenas a la tuya, cargando con gotas excedentes a tu propia burbuja, sin ser consciente del daño que eso podía causarte.

No recuerdo con exactitud en qué momento pude llegar a alejarme totalmente de aquella fiestera comunidad; sólo pude determinar que ya habían transcurrido cerca de tres horas desde que bajé de aquel bus.

De repente pude llegar a un angosto camino empedrado, y desde aquí parecía que ya no iba a encontrarme de ninguna manera ni con comunidades, ni con casas al rededor, ni con otras personas. Es increíble cómo uno puede llegar a perder la noción del tiempo y del espacio cuando se encuentra frente a frente con cosas increíbles y novedosas, cosas que además experimenta por primera vez, tal como yo lo hice con el simple hecho de alejarme de todo aquello que una vez creía conocer.

Es increíble la manera en que repelemos, no vemos, ni sentimos todo aquello que en el fondo no se desea ni ver, ni sentir. Yo decidí ignorar y no ver el peligro ni sentir miedo; y así, ni el peligro ni el miedo se asoman a molestarme cuando yo ando por ahí. Es así como he llegado a determinar que cualquier estado o manifiesto es sólo cuestión de tomar una decisión.

§§§

El reloj marca las dos de la madrugada. La noche es hermosa y lo suficiente clara como para poder ver por donde me dirijo y poder ver el camino que sigue delante de mí.

Llegué a sorprenderme de la manera en que no volví a sentir miedo o pánico, o incluso duda por la decisión que había tomado de venir hasta aquí. Increíblemente, y como por arte de magia, el miedo desapareció de mí por completo. Lo siento como si se hubiera esfumado de una manera definitiva, para no volver jamás, y así fue como este momento se convirtió en un momento decisivo en mi vida. Tuve la más bella de las sensaciones de dominio y de poder. En este estado de total libertad, llega uno a sentirse poderoso y llega a ver el mundo de diferente manera; en este estado se puede llegar a sentir que el mundo le pertenece a uno al mismo tiempo en que uno le pertenece a él.

Es reconfortante el hecho de poder observarnos en situaciones como ésta y poder darnos cuenta por primera vez que poseemos en nuestras manos toda una vida, una maravillosa y única vida que por alguna razón, talvez aún desconocida para nosotros, nos ha sido dada. Hoy soy consciente, más que nunca, que soy dueña de mi vida—ésta me pertenece y es sólo mía. Además puedo detectar que poseo lo más bello de todo: "Libertad". Esta vida me ha sido dada por alguna razón, y sobre todo para decidir, para elegir, para poder ser, y hacer lo que yo quiera y sienta que esté bien para mí.

Los humanos somos humanos simplemente cuando estamos mezclados y enredados con algo tan precario como son los problemas humanos. Pero cuando estamos despejados, libres y solos, dejamos de ser esos simples seres humanos; llegamos a convertirnos en algo más que esos simples seres, pasamos a convertirnos en seres superiores.

De esa manera, se confirma que todos y cada uno de nosotros poseemos cierto tipo de poder, traducido como algo que está dentro de cada uno de nosotros, que tiene la capacidad y la fuerza para mover una montaña si así lo quisiéramos. Lo siento, lo percibo, pero aún no sé que es; sólo sé que está ahí, tiene presencia, pero aún no tiene forma que pueda yo definir.

§§§

Ahora soy consciente de que me encuentro totalmente sola, y empiezo a caer en cuenta de la realidad en la que actualmente me encuentro. Estoy en el medio de la nada, buscando un lugar que pueda ser el adecuado para mí, donde pueda yo armar mi carpa, extender mi bolsa de dormir, meterme en ella y esperar al maravilloso día siguiente que me espera, y luego simplemente seguir adelante, seguir caminando por este lugar, no importa hacia donde. Mis instintos serán quienes me guíen en este tan esperado recorrido. Me acuesto sobre mi bolsa de dormir, y observo todo lo que hay a mi alrededor. Claramente este mágico lugar está totalmente extenso y lleno de vegetación; observo los grandes árboles que me rodean y el impactante cielo estrellado que tengo encima de mí, ésta es sin duda la más pura y sublime experiencia que pude alguna vez desear vivir.

De repente no puedo evitar sentir miedo, un miedo intenso que lentamente recorre por mi cuerpo de pies a cabeza. No puedo evitar pensar en aquellas historias que me solían contar cuando yo era una niña, aquellos cuentos de que el mismísimo diablo habita en el bosque, junto con todo su séquito de seres demoníacos. No puedo evitar pensar que talvez en este preciso instante, yo esté cerca de su guarida; talvez a pocos pasos de aquí, haya una profunda grieta en el suelo que me llevaría directamente hacia las puertas del infierno.

¡Oh mi Dios! No puedo dejar de sentir pavor y de preguntarme: ¿Qué terribles cosas pasarían si alguna presencia demoníaca llegara a acercarse a mí? ¿Qué podría sucederme? ¿Podría esa vil presencia llegar a poseer mi alma? Si eso sucediese, ¿en qué terminaría yo por convertirme? Posiblemente una vez convertida en una posesión demoníaca no tenga otra opción que dejar de ser yo y perderme para siempre en la oscuridad del mal, siendo eternamente manipulada por aquellas viles y oscuras fuerzas. ¡Oh mi Dios! ¡Creo que empiezo a sentir aún más pavor y desesperación! Esta vez estoy totalmente sola, y al acecho de cualquier demonio y de cualquier tipo de presencia. ¿Y qué más da si esas terribles cosas pudieran llegarme a suceder? Con seguridad nadie sabría de mí nunca más. De hecho, ahora mismo, nadie sabe que estoy aquí, en estos lejanos bosques, mucho menos que estoy totalmente sola, vulnerable, y pudiendo ser asechada por cualquier cosa.

Cálmate, cálmate, me decía a mí misma mientras trataba de pensar en otras cosas y sustituir aquellas escenas demoníacas que ocupaban la totalidad de mi mente. Pero me resultaba inútil, puesto que lo único que conseguía era paralizarme de miedo aún más. No hacía otra cosa que actuar como una paranoica, mirando en todas direcciones, muy atenta, cuidándome, y alertándome ante cualquier intrusa presencia demoníaca que intentase acercarse a mí e intentase hacerme cualquier tipo de daño.

Pasé unas buenas horas atormentada por el miedo, al límite de volverme paranoica debido a ello y temiendo de sobremanera al diablo y a cualquier presencia maligna, tales como aquellas viles presencias que salen de las tantas historias de horror que existen en la actualidad. Finalmente pude llegar a convencerme a mí misma de que lo que estaba haciendo era algo inútil. Pensé que talvez esos demonios y seres malvados sólo reinan en algún lugar dentro de la imaginación de alguien más; de lo contrario ya hubiese sido yo capturada por alguno de ellos, estando sola en este alejado bosque. Así que decidí respirar hondo y tomar una decisión. Decidí tomar la decisión de esperar a tales demonios si es que existiesen y proceder a golpearlos uno a uno con un pedazo de tronco que recogí del suelo si intentasen aparecer y acercarse demasiado a mí.

Así fue como los esperé por horas, lista para golpearlos con todas mis fuerzas si intentasen en algún momento perturbarme, pero ellos nunca llegaron. Ni siquiera se movió una rama en el bosque. El único sonido que existía en este lugar no era el ruido de sus pisadas al acercarse; era el ruido de la naturaleza misma.

Luego de esperar por varias horas, pude caer en cuenta de que ese tal demonio no llegaría jamás porque en verdad no existía como lo pintaban aquellas honoríficas historias; por lo que yo no hacía más que esperar en vano. Esperé hasta un poco antes de que amaneciera. Las horas que restan al amanecer fueron las horas en las que pude tranquilizarme y conciliar el sueño, para luego reemprender un nuevo y mágico día en un tranquilo bosque, donde la única presencia era la mía y la de la naturaleza que me rodea. Es increíble la manera en que hemos sido amedrentados por las creaciones demoníacas que no hacen más que perturbar nuestros pensamientos y emociones, dejándonos en un estado de intranquilidad y desconfianza hacia todas las cosas que desconocemos y hacia todo aquello que nos rodea.

§§§

Pasé dos días y tres noches de caminata solitaria en búsqueda de algo, de ese anhelado algo, que algo dentro de mí buscaba desesperadamente, en busca de ese algo, no sé qué, pero que presiento que está en algún lado, talvez muy cerca.

Todos estos días fueron divinos y mágicos. Jamás pude imaginar hacer esto alguna vez, ni jamás imaginé que llegaría a sentir aquello que sentí. Nunca imaginé que alguna vez pudiera sentirme totalmente independiente y tomar decisiones que no tengan que ver con las estrictas reglas de la sociedad. Realmente se siente bien el hecho de dormir sólo cuando se tiene sueño, despertar y levantarse sólo cuando se siente que el cuerpo ha descansado lo suficiente, comer cuando realmente se tiene hambre, no por el hecho de ser mediodía y porque al mediodía se acostumbra a comer, o acostarse porque son las once de la noche, porque a esa hora debe acostarse uno. Tal parece que hasta para eso hay reglas irrompibles que uno debe seguir sin lugar a quejas.

No creo que muchos hayan podido imaginarse alguna vez el hecho de seguir a los instintos personales, naturales e internos, pero lo cierto es que éstos han llegado a convertirse en el mejor de los guías cuando se está solo. Esos olvidados e ignorados instintos, aquellos que todos y cada uno de nosotros poseemos—pero que tal parece que no les tomamos verdadera importancia, y los tomamos simplemente como nociones de sobrevivencia. Pero hoy creo que no es así; llego también a pensar que aquellos instintos son como líneas trazadas en nuestros caminos por las cuales se dirigen nuestras vidas.

Tampoco pude alguna vez imaginar que yo podría llegar a estar de esta manera. Es como si estuviera literalmente frente a mí, y pudiera ver y evaluar mi vida de cerca.

En este nuevo estado, puedo llegar a comparar mi vida y la vida de todos en general. Puedo determinar que es tal como un automóvil que va por la carretera donde yo soy el piloto que dirige el vehículo, y puedo manejarlo como mejor me conviene para llegar a mi destino, ignorando a aquellos que tratan de decirme cómo debo manejarlo y por dónde debo dirigirme. Tal es el caso de aquellos que eternamente dicen que no debería andar a una velocidad de más de 50 Km. por hora, que debería acelerar más, o que debería dar la vuelta o girar por la derecha, seguir por otro camino porque quizá el que yo elegí no me convendría para nada, o simplemente que no debería manejar, porque soy mujer, porque soy demasiado joven, porque creen que no podría tener la suficiente experiencia, o porque el hecho de manejar es muy peligroso, y que mejor debería subirme al automóvil de alguien más para así evitarme de molestias, choques, o fatigas. Lo único que lograría haciendo caso a aquellos es llegar atrasada a mi destino, o peor aún, jamás llegar.

Pero en este caso, no es así. Con este vehículo de vida, el cual yo decidí tomar por el volante y simplemente viajar, logré huir de la carretera más congestionada y llena de embotellamientos que hasta entonces conocí y me la enseñaron mis semejantes y la sociedad; me dijeron que ese era el único camino que existe. Ahora, en el momento menos pensado, siento que he llegado a darme cuenta de que eso no era todo, porque hay más carreteras por descubrir, además más amplias y menos transitadas, que llevan a lugares nuevos y mucho mejores. Lo cierto es que no todo es tan malo como parece. Lo cierto es que poseemos un control total sobre nuestras vidas, un control mayor del que jamás hemos imaginado, un mayor control que algún temeroso individuo podría imaginarse siquiera alguna vez.

§§§

Continúo con mi camino, y de repente, como un tercer baldazo de agua helada sobre el cuerpo, siento un golpe de miedo que me paraliza, y un gran nudo en el estómago. Aturdida, sólo puedo preguntarme ¿Por qué? ¿Qué sucede ahora?

He sentido esto antes, lo sé, y sé también que es la sensación de advertencia hacia algo, esto es algo que alguna vez he sentido cuando algo va a pasar. Mi instinto es correr y esconderme tras una gran roca, lo suficientemente grande como para cubrirme entera y pasar desapercibida por lo que sea que pueda llegar a ocurrir.

Inmediatamente me di cuenta del significado de esa sensación cuando empecé a oír voces y risas humanas. Esa sensación sin duda era una advertencia de peligro que venía desde muy dentro de mí. Esa era mi vocecita interior que todo este tiempo se convirtió en mi guía protectora; algunos podrían llamar ángel de la guarda a esta voz interna, por la sensación protectora e indicadora ante cualquier tipo de amenaza, además de alertarnos del inminente peligro para inmediatamente buscar refugio.

Esas toscas y violentas voces se acercaron más y más aún, y yo no dejaba de sentir escalofríos por todo el cuerpo; apenas podía respirar. Empecé a sentir un miedo intenso, y terminé por verme convertida en un puñado de pánico y confusión. Empecé a sentir un montón de sentimientos, tal como una fuerte lluvia que en un instante nos empapa totalmente, sentimientos que a cualquier persona pueden llegar a causarle un terrible estado de desesperación.

Las voces se acercaron demasiado a mí, pasando prácticamente por mi lado. Pude divisar que aquellos eran cinco hombres, todos ellos vestidos iguales, cada uno vestía pantalones blancos, con unos ponchos[2] coloridos y sombreros negros. Eran cuatro adultos y un anciano; el anciano caminaba por delante y los otros cuatro lo seguían. Dos de ellos cargaban un bulto grande, y los otros dos cargaban un bulto pequeño. Cada bulto estaba envuelto con telas viejas y sucias. Cada bulto era de color rojo, pero observando mejor, pude determinar que la coloración roja de cada bulto era sangre. Además observé que mientras ellos caminaban y se alejaban con sus bultos, dejaban rastros de gotas de sangre tras ellos.

Me paralicé entera de pies a cabeza. Mientras observaba a aquellos caminantes alejarse, pude sentir cómo la desesperación, el miedo, la incertidumbre, y muchos otros sentimientos negativos y destructivos se apoderaban lentamente de mí.

Cuando los hombres se alejaron más aún, recién pude tener una sensación de alivio, pero no podía dejar de sentir pánico al escuchar su conversación mientras pasaban por mi lado. Gracias a esa gran roca en mi camino, ellos no pudieron llegar a verme.

Pude escuchar que se dirigían a hacer una especie de ritual, harían un sacrificio, donde ofrecerían la vida de una mujer, una llama, y una oveja a la Pachamama. Ese ritual lo harían para alimentar a la madre tierra, con la finalidad de poder obtener mucho éxito con las cosechas y obtener así mucho dinero este año.

Escuché también decir al anciano a los cuatro hombres más jóvenes que tengan cuidado con esos bultos, que no los maltraten, porque para el ritual los necesitaban todavía vivos; muertos no

---

[2] *Poncho: prenda típica de Sudamérica.*

servirían para nada. Muertos la tierra no podría tomar su alma y no les daría lo que ellos piden y esperan.

Ni en mil años, podría llegar a creer ni mucho menos a comprender lo que vi, ni lo que oí de esos hombres. Aquello era repugnante y repulsivo; aquello no era más que la peor acción de humanos hacia humanos. Aquellos eran humanos sacrificando a humanos y animales, convirtiéndolos en ofrendas a cambio de nada más y nada menos que cosas materiales.

Por primera vez en este pacifico viaje, una de las peores y más aterradoras escenas posibles pasó por mi lado; éstas parecían haber sido sacadas del capitulo de una retorcida película de terror.

Esta escena hace que vea al hombre como un depredador total, como un mal juez que apunta y sentencia a muerte a los mismos humanos que lo rodean, sólo para beneficiarse a sí mismo, haciendo a un lado e ignorando totalmente el significado y el valor de una vida.

La primera vez que pude llegar a escuchar la voz proveniente dentro de mí, me indicó por dónde debía ir; me indicó el camino que debía tomar. Ahora la misma voz me alertó del peligro. No quiero ni pensar lo que hubiese pasado si en un determinado momento la hubiese llegado a ignorar. Es posible, muy posible que esas personas me hubieran visto, y probablemente yo hubiese sido quien habría terminado golpeada y dentro de una de esas viejas y sucias bolsas de tela, talvez inconsciente, pero lo suficientemente viva como para que aquellas personas ambiciosas, aquellas personas sin escrúpulos ni corazón me hubiesen enterrado viva, ofrendándome a la tierra, e intercambiando mi vida por cosas materiales y dinero para su propio beneficio.

Estaba tan perturbada y aturdida que sentí la necesidad de quedarme en el mismo lugar y esperar a que ya no hubiera peligro. Tenía que asegurarme de que no me llegaría a encontrar nuevamente con más humanos depredadores, así que esperé escondida detrás de la gran roca por toda la tarde hasta que empezó a oscurecer y la noche cayó.

A pesar de que la noche estaba tan oscura para poder ser vista por alguien, aún tenía pavor de encontrarme nuevamente con la presencia humana. Es una triste ironía saber que el hombre ha llegado a convertirse en una plaga y en un perjuicio para el mismo hombre.

En tres días de viaje solitario, llegué a sentir toda la paz que no había sentido en veinticinco años de mi vida; y al volver a encontrarme ante la presencia de humanos, volví a sentir miedo. Sentí frustración, pánico y desesperación, como si todo lo que sutilmente llegué a construir, se desmoronara apenas pude sentir la presencia humana. ¿Cuál es el problema con los humanos? ¿Por qué hacen lo que hacen? ¿Por qué no huyen del bullicio y tratan de encontrarse con ellos mismos? ¿Por qué se amontonan para perderse y destruirse los unos a los otros?

Volví a sentir pánico y una descarga de escalofríos invadió nuevamente a todo mi cuerpo cuando nuevamente sentí pasos y nuevamente escuché voces.

Ésta vez escuché voces de adultos y llantos de niños, pude ver que tan sólo eran campesinos; era una familia, por lo que pude relajarme. Pude al fin respirar y dejar de temblar debido al pánico que se apoderó de mí. Ellos no parecían ni malos ni amenazadores, pero su conversación me dejó en un estado de conmoción: la mujer, al parecer embarazada decía a su marido que cuando naciera su cuarto hijo, si fuera hombre, le darían las labores de cuidar las ovejas, si fuera mujer, le darían las labores de cocinar, porque ya tenían dos hijas que les cosechan las tierras y un hijo que las siembra, puesto que ellos tienen que ir a la ciudad a vender sus productos para ganar dinero.

El hombre, al contrario de la mujer, se quejaba. El decía que prefería tener un hijo varón porque ya no quería más imillas[3] inservibles, porque las mujeres no servían para nada y si naciera otra mujer, él mismo la arrojaría a un pozo.

---

3   *Imillas: en lengua Quechua significa niñas.*

No pude creer nada de lo que había escuchado de aquellos campesinos, no pude cabalmente creer la conversación de esa familia, ni el entonado machismo por parte de ese ignorante hombre hacia sus hijas. Es increíble cómo la violencia y el machismo reinan en esta sociedad y en la humanidad en general.

En esos momentos, no pude evitar recordar a la tragedia de mi amiga Wendy. No pude evitar compararla con los hijos de aquellos campesinos, hijos manipulados que son traídos al mundo obligados a hacer ciertas cosas que se les imponen desde su nacimiento. Además, el no tener otra opción que vivir la vida que sus padres les eligen, apartando así de ellos cualquier vestigio de singularidad para terminar por convertirlos en moldes y copias perfectas de ellos mismos.

¿Por qué no se respeta ni la individualidad ni la creatividad de los hijos por parte de algunos padres? ¿Por qué obligarlos y someterlos a convertirse en personas idénticas a otras? Cuando pueden darles la más preciada de las virtudes que puede existir: "La libertad", ¿por qué seguir esclavizándolos, imponiéndoles enseñanzas obsoletas, labores y tradiciones sin fundamentos, cuando no hacen más que anularlos y en cierta forma retrasar su evolución? ¿Por qué aún en pleno siglo XXI los siguen manipulando y asignándoles deberes que no les corresponden, ni van con la época, como si aún estuviéramos en siglos pasados? ¿Será por eso que estamos así como estamos?

Pobres hijos de aquellos padres, sólo espero y deseo que no lleguen a la desolación ni terminen siendo presas del suicidio por no conocer otra salida; ni que vivan encarcelados bajo la egoísta y estricta voluntad de los padres y de su entorno. Menos aún, que trasmitan la misma esclavitud y egoísmo heredado a sus futuros hijos.

Aquella escena llegó a convertirse en una de las más deprimentes y trágicas escenas de imposición de voluntad, violación de libertad, egoísmo y machismo de padres hacia hijos—¿cuál es el problema? ¿Por qué traer hijos al mundo entonces? Sería mejor domar bueyes y mulas para que trabajen y satisfagan la voluntad de esos padres, como si los hijos no valieran nada.

Sólo pude mirar al cielo con lágrimas en los ojos y decir: "¡Deseo que ahora estés libre de todo tipo de imposición amiga Wendy!"

Esperé pacientemente durante algunas horas tras la enorme roca que llegaba a cubrirme entera; esperé hasta que anochezca, para así poder continuar con mi viaje de una manera segura y sin tener que llegar a toparme con otro desagradable y salvaje ser humano.

Luego de tales escenas que he tenido la mala suerte de presenciar, he llegado a la conclusión de que la noche es más segura que el día para mí, porque en la noche todos duermen. Ahora que es de noche, me siento más segura estando sola que rodeada por la presencia de los humanos.

Desde ahora decido continuar el viaje, pero ahora decido caminar de noche y de día descansar, pero siempre escondiéndome para protegerme de los depredadores más grandes y despiadados que el mundo ha podido crear: Los seres humanos.

§§§

Caminar por la noche ha llegado a desgastarme y a cansarme demasiado, así que decido aprovechar el intermedio entre lo último que queda de la oscuridad y la claridad del nuevo día para poder descansar y dormir un poco; opto por escalar una roca, para poder descansar ahí con la seguridad de no ser sorprendida por ningún depredador humano.

Los rayos de sol llegaban directo a mi rostro y me despertaron inmediatamente. Mientras observaba el claro amanecer de un nuevo, hermoso y cálido día, no pude dejar de sentirme observada. Al voltear, no pude llegar claramente a entender cómo esa persona pudo aparecer sin previo aviso, pero pude repentinamente verlo ahí sentado observando el amanecer tal como lo hacía yo.

El color rubio cobrizo de su cabello, la manera holgada de vestir—prendas que más parecían haber sido confeccionadas e inspiradas a partir de una sábana—sus manos impecablemente limpias, tal como su ropa y todo lo demás. Claramente se veía que él no pertenecía a ninguna comunidad que había llegado a detectar antes. Ni su físico, ni sus rasgos, ni su vestimenta lo hacían parecer un indígena, un habitante, o un comunario de estos lugares.

Él se llamaba Dante. Al ponerme a contemplar sus hermosos ojos, pude determinar con claridad que él era una buena persona; en efecto, aquel era el ser humano con el corazón más puro y el alma más transparente de todos los seres humanos. Simplemente así yo lo percibía; simplemente él era una persona diferente; lo supe en cuanto lo vi.

Con la presencia de Dante cerca, no llegué a sentir miedo, ni a sentir pánico ni desesperación de ninguna clase. Ni siquiera tuve la iniciativa ni el deseo de huir al verlo y así evitar que él llegase a verme; en cuanto pude llegar a verlo, instantáneamente tuve buenos sentimientos hacia él, y pude inmediatamente detectar que ese ser humano no era ni un comunario, ni tampoco era un campesino perdido, ni un sacrificador de humanos ni animales. Era simplemente alguien diferente, alguien que estaba ahí sentado, observando el amanecer al igual que lo hacía yo. Pude percibir la amabilidad de Dante en su sonrisa y la bondad en sus ojos cuando al fin cruzamos las miradas; él simplemente era alguien muy diferente—eso se podía percibir desde muy lejos.

Dante tenía treinta y cuatro años, aunque físicamente parecía mucho menor de treinta y cuatro. Él podía fácilmente pasar como un joven de veinte años que por un adulto de treinta y cuatro, excepto por su voz adulta claro está. Él era alto, muy delgado, tenía un rostro muy hermoso, unos llamativos y grandes ojos; el color de sus ojos era como el de la miel y estos brillaban como cristales limpios y recién pulidos. Sólo su vestimenta me causaba un poco de risa, él parecía a un árabe, un tanto desaliñado.

Claro está que él no había nacido en este lugar. Algo de este lugar lo condujo hasta aquí, y terminó por gustarle, de esa manera decidió quedarse.

Dante vivía en una casita pequeña y muy sencilla construida con barro y piedras, rodeada de un lindo un jardín con árboles que él mismo había plantado; aquella casita había sido cuidadosamente edificada por él mismo.

Comparando la casa de Dante con las casas de los demás comunarios, pude claramente ver que esta casita era diferente; a pesar de que tenía el mismo estilo de construcción campesina de estos lugares, ésta era sin duda la más hermosa. Ésta casa tenía algo—no sé qué—un cierto toque atractivo que se podía percibir a simple vista. ¿Sería por el orden? ¿Sería porque estaba impecablemente limpia? ¿O porque tenía un jardín hermoso alrededor? No lo sé, pero además de poseer una belleza extraña, en aquel lugar se percibía mucha paz y un cierto toque de armonía, creo que en ella se reflejaba la bondad y las buenas intenciones de Dante.

Conté a Dante la razón por la cual decidí llegar hasta aquí, las razones por las que decidí dejar mi hogar y conocer el país entero viajando, y qué fue lo que me trajo hasta este preciso lugar. Asimismo le conté una a una todas mis experiencias actuales vividas—desde los hombres sacrificadores de humanos para ofrenda de la Pachamama, los padres quienes someten a sus hijos, y todo lo demás que había tenido la oportunidad de vivir hasta llegar hasta aquí—mientras bebíamos un té de manzanilla sentados en su comedor principal (así lo llamaba él), un comedor improvisado que constaba de una mesa construida a partir de un bloque de piedra y cuatro sillas hechas con troncos cortados de madera.

Ante todas mis anécdotas relatadas de este viaje, él sólo sonrió y amablemente me dijo:

Lo sé Marú, lo sé muy bien, y créeme cuando te digo que he visto peores cosas que las que tú has visto y te hubieras podido alguna vez imaginar. Pero debes entender que tanto el tipo de vida que se lleva, así como las experiencias que ello conlleva, no son más que resultantes del camino que se ha elegido y decidido seguir.

Dante me pidió que me sintiera cómoda e hiciera lo que quisiera con total confianza, que me sintiera como en casa. Además me dijo que él estaba aquí porque se encontraba en plena búsqueda del camino del conocimiento puro. Él no estaba para nada de acuerdo con la forma en que se ha estado llevando el mundo y todas las cosas en éste actualmente, él pacientemente esperaría alejado de todo y de todos hasta que todo se revierta, hasta que el nuevo mundo llegase, y así, todas las cosas puedan ser arregladas totalmente.

Dante además me comentó que estaba siguiendo el camino de conversión para transformarse pronto en alguna clase de maestro y fiel ciudadano para tal nuevo mundo.

Dante, desde niño hasta adolescente, había recorrido casi todo el mundo con sus padres, quienes eran una pareja de antropólogos. Todos oriundos de Canadá. Al momento de venir a conocer Latinoamérica, sufrieron un terrible accidente automovilístico. El más afectado de los tres fue Dante, quedando en estado de coma por tres años e inválido por casi dos años.

Después de tres años en estado de coma, él despertó con una imagen bien grabada en la mente, como si hubiera estado en algún lugar específico todo el tiempo que estuvo internado en un hospital en Perú.

Los próximos dos años fueron años de rehabilitación para Dante por las múltiples fracturas de la columna vertebral que sufrió debido al accidente. Haciendo el mayor de sus esfuerzos, pudo volver a caminar sin casi mucha dificultad, aunque hasta ahora necesita aún la ayuda de un bastón para caminar con facilidad.

En esos dos años de rehabilitación, él trató de buscar entre mapas y libros de geografía de todo el mundo aquel lugar en el que pasó aquellos tres largos años en estado de coma. Cuando por fin logró ubicarlo, se sorprendió al saber que estaba bastante cerca, así que terminó rápidamente su recuperación en Perú y llegó a La Paz para visitar ese lugar añorado rodeado de cerros nevados. Así fue como Dante decidió quedarse en estos bosques de las montañas sagradas (así las llamaba él); algo que con simples palabras no puede describirme lo atrajo a estos bosques, y simplemente decidió quedarse. En ese entonces, Dante tenía veintinueve años, y hasta ahora ya llevaba viviendo cinco años en este lugar. Él me cuenta que una vez habiendo descubierto la ubicación de este lugar y al haberlo encontrado físicamente, de repente pudo llegar a tener una comprensión superior de las cosas. *"Llegué a saber con exactitud por qué tenía que estar aquí"*, dijo él con una gran sonrisa plagada de orgullo en su rostro.

Mientras él partía en dos un pan y me obsequia la mitad, me comentaba lo feliz que se sentía de estar aquí en el medio del bosque, alejado de la bochornosa ciudad. En estos lugares, dice él que ha llegado a aprender un sin número de cosas, incluso más que en su vida entera hasta ahora; había obtenido mucho conocimiento y experiencias supremas e indescriptibles. Él había obtenido una comprensión más amplia de las cosas, por lo que ya nunca más volvería a dar marcha atrás y volver a ser un humano normal como el que solía ser antes de venir hasta aquí. Él nunca más volvería a hacer lo que hace el resto de la gente para subsistir. Él ni siquiera volvería a depender de nadie nunca más, porque ahora se había convertido en un ser totalmente autosuficiente y renovado. Además, él había realizado ya muchos propósitos personales; él me comenta que estará dos años más asentado en este lugar, y luego partirá para África. Lo hará por la misma extraña razón por la que fue atraído hacia este lugar en La Paz.

Íbamos caminando por el bosque paseando y recolectando frutos, hongos silvestres, raíces, y algunas semillas para preparar una gran comida. Mientras le ayudaba a recolectar todo eso, él no paraba de contarme muy contento y entusiasta cosas que acontecieron en su vida—cosas buenas, cosas malas, y experiencias maravillosas que había tenido a lo largo de su vida. Él decía:

Son tan sólo treinta y cuatro años, y no tienes idea cuánto más deseo seguir viviendo y aprendiendo nuevas cosas tomadas de la vida misma.

¿Sabes Marú? No todo en esta vida es del color de las rosas. Esto es como una ley de la vida que se aplica para todo sin excepción. Dentro de las cosas buenas que puedes llegar a vivir, dentro de ellas pueden habitar cosas no muy buenas; a pesar de haber pasado los mejores cinco años de mi vida en este lugar y de haber tenido las experiencias más puras y sublimes, también pude llegar a ver cosas muy, pero muy desagradables, pero todas ellas relacionadas con los humanos y con la humanidad. Pude llegar a ver a la violencia y al fanatismo llevado al extremo, tales son la principal causa que puede llevar a la gente a la total perdición. Entre otras cosas, he llegado a observar a mucha gente realizar ciertos ritos y sacrificios. Estos en realidad no llegan a ser otra cosa que creencias sin fundamentos lógicos, los cuales sin importar cuanto daño puedan causar a cualquier ser vivo o a la naturaleza, llegan a ser apaciguados y mitigados en la conciencia de la gente, siendo éstos disfrazados y ocultos bajo un disfraz al que se ha decidido denominar "cultura".

Aunque no lo creas, muchísima gente viene a estos bosques, y no precisamente para encontrar un lugar de paz como lo hice yo, sino para realizar los más viles actos de crueldad, que van desde los más viles rituales a ciertas deidades, hasta infinidad de ofrendas a la tierra. Créeme, Marú, si llegases a ver este bosque de cerca, este lugar te parecería más a un cementerio por todas las atrocidades que la gente ha llegado a cometer. Fue entonces cuando me sentí algo desorbitado y desolado por estar solo y ver toda la maldad que algunos humanos son capaces de realizar, y de esa manera fue cuando pude darme cuenta que solemnemente rechazaba y repudiaba toda clase de crueldad humana. Fue entonces, en ese preciso momento, cuando pude llegar a darme cuenta de quién realmente era yo y de lo que estaba hecho, así que decidí elegir un camino diferente. Decidí olvidar todo lo malo que había vivido y visto, decidí dejar de ser totalmente quien alguna vez fui y dejé atrás y alejé de mí de una manera definitiva a la gente, bueno, al menos a cierto tipo de gente.

En este lugar fue donde aprendí a ser quien soy ahora. Aprendí a ver lo que nunca imaginé que existiría y llegaría a ver, conocí y aprendí aquello que pensé que tardaría más de una vida en aprender y que jamás creí posible. Ahora veo el mundo como el lugar maravilloso que siempre debió ser; lo veo como realmente es.

¿Sabes, Marú?, la vida no es más que un cúmulo de decisiones, una tras otra, tal como una cadena lo es; una mala decisión podría llegar a arruinarte la vida, y una buena podría hacerte crecer en dimensiones inimaginables. Todo lo que soy y todo lo que sé, lo debo a mi pura y consciente elección de las cosas y al correcto discernimiento de las situaciones. Además, Marú, debes comprender que no puedes conocer ni juzgar el bien si previamente no has conocido el mal; de otra manera no hallarías diferencia alguna entre ellos. El hecho de elegir el camino del bien o el camino del mal depende meramente de uno mismo; una vez que se llega a saber con exactitud qué es bien y bueno para ti y qué es mal y malo para ti, lo único que queda por hacer es tomar una decisión personal y simplemente elegir.

Además, por si fuera poco, luego de haber tomado la decisión de quedarme solo en el medio del bosque y pasarme la vida en soledad, me di cuenta que no estaba realmente solo como en un principio me lo imaginé. Llegué a conocer a Christian, quien se convirtió en mi amigo y maestro y me ayudó a tener un poco más de claridad hacia las cosas y a ver la vida como la veo ahora y como realmente es.

¿Christian? ¿Entonces Dante no está solo en este bosque? ¿Hay alguien más? ¿Pero quién podría ser Christian? Para que aquel sea un amigo de Dante, por las características que Dante posee, ese tal Christian no podría ser un cualquiera. Aquel no podría ser un simple campesino, no podría ser un comunario, ni un brujo que ofrenda humanos a la tierra, ni un padre mezquino quien somete a sus hijos. Para que haya llegado a convertirse no sólo en amigo de Dante, sino en maestro de Dante, ese tal Christian debería ser alguien realmente importante.

Así que para sacarme la duda de la cabeza decidí preguntarle, "Perdona, Dante, pero ¿quién es Christian?"

A lo que él con una tierna sonrisa me responde:

La gente común lo llamaría "Santo", lo cual es gracioso. Es increíble cómo la gente tiende a deshumanizar, a mitificar, a santificar e incluso a endiosar a la gente y considerarlos seres superiores, incluso superiores a ellos; pero Christian no es más que una persona de carne y hueso como lo somos todos nosotros, sólo que a diferencia de todos nosotros ha encontrado el significado de la vida y de la verdad, siguiendo su propio camino sin copiar el de alguien más.

¿Sabes una cosa, Marú? La gran mayoría de los humanos siguen un solo camino; ése es el camino más transitado, el camino circular, redondo, tal como una rotonda lo es, donde encuentras en él a gente desesperada, desorientada, confundida y perdida en las garras de la monotonía, quienes creen que están recorriendo su vida siguiendo un largo camino, cuando en realidad, no están haciendo más que dar vueltas al mismo circulo, luego envejecen y mueren. Terminan muy confundidos y muy mareados de tanta vuelta, seguidamente sus descendientes siguen su ejemplo de ruta de vida circular, y los descendientes de sus descendientes lo hacen de igual manera, y así, poco a poco se van perdiendo generaciones enteras de gente que jamás han encontrado su propio camino, ni siquiera el sentido de sus vidas.

Muchos humanos no tienen ni la más remota idea de lo que significa "vida". A diferencia de ellos, los maestros son los que se cansaron de dar vueltas y vueltas a ese camino circular, y sin importar las consecuencias, se desviaron a un camino menos transitado, para terminar por descubrir que el camino circular no era el único camino, sino que hay muchos más y mejores caminos que llevan a más y a mejores lugares. Sólo quien ha logrado salir de ese camino circular puede darse cuenta que ahora tiene el poder de elegir hacia dónde desea ir.

Debes saber, Marú, que la vida no es todo lo que tienes delante de ti, no es todo lo que tienes en frente, ni lo que hasta ahora conoces porque te lo han enseñado o te lo han dicho; la vida es más que eso,

Marú. Por mucho tiempo, todos nosotros no sólo hemos creído ciertas cosas, sino que hemos vivido en un mundo, el cual podría catalogarse como un mundo inventado, ficticio, y falso, y por siglos enteros se nos ha ocultado la verdad de las cosas, lo que es el equivalente a la vida misma. Quiero decir que desconocemos en su totalidad aquello en lo que consiste la vida.

He llegado a sentir cierta confusión que sobrepasa mi entendimiento, mi comprensión actual de las cosas. Todas las cosas que Dante me comenta, desde eso del nuevo mundo, hasta lo de que el mundo es un mundo ficticio y que no tenemos idea de lo que en realidad consiste la vida, esto es como pasar de aprender a sumar y restar inmediatamente a un capítulo de ecuaciones matemáticas complejas. No llego a comprender con claridad todo aquello lo que Dante quiere decirme, pero ¿por qué el mundo llegaría a ser un invento? ¿El invento de quién?

Al regresar a la casa de Dante con dos bolsas llenas—cada uno cargaba una bolsa, las cuales llenamos de una gran variedad de alimentos que logramos recolectar en el bosque—mientras él se dedicaba a preparar algo, fusionando los alimentos recolectados en una vieja sartén, yo empezaba a marearme y a desorientarme un poco con eso de el mundo inventado. Mientras permanecía sentada en un tronco de madera, una de las sillas que componía el comedor de Dante.

Tratando de buscar una explicación lógica a tal comentario del mundo inventado, empecé a analizar las cosas desde el principio y en retrospectiva. Desde que nací y era muy pequeña, luego, cuando me convertí en una adolescente. Seguidamente analicé mi fase como mujer adulta hasta hoy, y lo cierto es que no hallé nada que se pueda parecer a un invento.

Luego analicé la situación y la percepción del mundo desde que era muy pequeña hasta hoy. Esta vez sí que pude ser consciente de que desde mi niñez hasta hoy en día como mujer de veinticinco años, casi adulta, pude darme cuenta de que, una de dos: o el mundo ha cambiado drástica y radicalmente, o es mi percepción del mundo la que ha cambiado drástica y radicalmente.

Analizando las cosas que han pasado últimamente en estos últimos cinco meses desde que inicié este viaje, me doy cuenta de que he llegado a percibir más problemas materiales y sociales que nunca. Bueno, esto al parecer se debe principalmente a la tendencia comunista que últimamente se ha desatado en muchos lugares del mundo como en este grandioso pero caótico país, probablemente debido al hecho de pretender que todos sean iguales y posean todo por igual, incluso que piensen por igual. Me pregunto: ¿Será posible? No, no lo creo—eso suena más a una utopía.

A pesar de que en este mundo existe gente que pertenece al montón, existe también gente con motor propio, que está destinada a triunfar y a marcar grandes diferencias en relación con otras personas. No creo que nadie podría ser igual a nadie jamás. La igualdad total se vería reduciría a no más que a una simple utopía.

Pero entonces, si hasta en la astrología, en las leídas de cartas, en el tarot, en la quiromancia, entre otras, eso es algo que se puede detectar claramente. En ello se ve que existe gente que realmente ha nacido para triunfar y convertirse en entes importantes; además de poseer ciertos matices y características que los hacen diferentes y únicos entre los demás. Con tan sólo estudiar ciertas líneas de la mano, uno puede incluso determinar el tiempo de vida aproximado que posee, es de lo más ridículo querer que todos sean y posean las cosas por igual, pretendiendo que todos son cortados con la misma tijera y con la misma mano, pretendiendo matar a la creatividad autentica existente dentro de cada uno, queriéndonos procesar socialmente y sacar un solo modelo humano en línea. ¿Para qué ha nacido uno entonces, si no es para expresarse y vivir plenamente y en total singularidad? ¿Será eso lo que Dante me quiere decir con lo del mundo inventado? ¿Será que los que tienen el poder, los líderes, y los mandatarios, nos quieren convertir en productos de su imaginación, en sus inventos provenientes de sus deseos más caprichosos? Pero ¿qué hace que nazca un líder, o al menos eso que se hace llamar "líder"? ¿Cómo es que alguien puede alguna vez poder llegar a ser un muy sobresaliente e influyente líder o un mandatario de un país entero y del mundo, ser loado y seguido por miles de personas, cuando de una manera muy egoísta y personal, va a terminar gobernando y haciendo las cosas a su manera, aunque talvez no llegue a ser la mejor manera para nadie más que para sí mismo?

Creo que algo muy cierto es que cualquiera que invente cualquier tendencia, podría llegar a difundirla, utilizando para ello a las mentes más débiles, influyendo en la mayorías y en las masas, aún sabiendo que la mayoría absoluta es fácilmente influenciable y corruptible—además de carecer de criterio propio. Debido a su deficiente educación, las masas y las mayorías actúan como peces en el mar, dejándose arrastrar por cualquier corriente ¿Y quién mejor que aquellos, para mostrarnos un vívido y real ejemplo de lo que es una marioneta humana, puesto que hay siempre alguien encima de ellos tirando de los hilos y manipulándolos?

Pero ¿qué es lo que convierte a una persona en débil de mente y de carácter, incapaz de tomar una sola decisión valida por sí misma?

Bueno, si podríamos ver las cosas de una manera general, diríamos porque no posee virtudes propias, porque sus principios no son propios. Al contrario, son los principios de alguien más, sus creencias son las creencias de alguien más, hacen lo que hacen los demás, van a donde van los demás, sólo porque así lo creen los demás. En otras palabras, eso quiere decir que andamos privados de libertad de pensamiento y de imaginación.

Pero ¿a qué se deberá esto? Sin duda, a que toda esa gente no es tan amigable con los libros ni con la enseñanza ni con la capacitación ni con la superación de ninguna clase, pero sí, es la mejor amiga de los interminables dramas, dejándose arrastrar por los rumores creados, sin fundamentos, y sin sentido provenientes de la multitud.

Creo que ésa es la principal razón por la que cualquiera con una cierta tendencia o ideología debe buscar para su séquito y enfocarse en las masas, porque toda masa es intrínsecamente flexible y moldeable, tal como lo es una masa blanda. ¿Pero, será eso o algo parecido talvez lo que Dante me habrá querido decir con lo de un mundo inventado?

No puedo aguantar demasiado la curiosidad de saberlo, así que de una vez por todas, decidí interrumpirlo de la preparación un sabroso estofado y preguntarle, "Disculpa, pero no logro entender cabalmente a lo que te refieres con lo de un mundo inventado. ¿Podrías por favor explicármelo?"

Con una enorme sonrisa y con dos platos servidos de un oloroso estofado de todas las cosas que recolectamos en el bosque, él se acercó y con mucho gusto accedió a contármelo todo.

Desde que decidí venir a un lugar quién sabe dónde, llegué al lugar más bonito e inesperado. Conocí a Dante, quien me recibió con brazos abiertos y me ofreció su casa, diciéndome que por alguna razón nos encontramos en nuestros caminos de vida y por alguna razón nuestras almas han decidido encontrarse hoy. Dante ofreció enseñarme cosas, cosas que jamás creí que pudieran ser posibles, cosas que el maestro Christian le enseñó, y cosas que él mismo aprendió en todo el tiempo de estadía en el bosque. El mejor regalo que un ser humano puede tener es conocer "la verdad y el verdadero significado de la vida".

Debes entender, Marú, que todos nosotros no vivimos solamente en un mundo denso, caótico y lleno de confusión, sino también en un mundo que ha sido originalmente creado para generar confusión y caos. Los humanos hacen lo que hacen porque ellos, en su gran mayoría se comportan tal como se comporta un rebaño. Son como un rebaño de ovejas, siendo todas guiadas por alguien talvez no más listo que ellas, pero si más pícaro; por un perro ovejero quien constantemente las muerde, amenaza y amedrenta si no obedecen y no siguen cierto camino trazado por el perro, mordiéndolas en los tobillos y atacando a la pobre ovejita que piense siquiera en desviarse del rebaño.

Te das cuenta que a veces sentimos algo, algo que con palabras no lo podemos explicar, un sentimiento que nos invade y circula en nosotros como sangre corriendo por nuestras venas. Aunque generalmente, luego de sentir ese "algo", la gran mayoría lo asocia con insatisfacción. Esa es la principal razón por la que nos portamos rebeldes con todo y con todos, si llegaras a concentrarte y a escucharte en esos momentos, te darías cuenta de que algo en ti se está expresando y manifestando. Algo en tu interior te está mostrando tu verdad, te está mostrando a ti misma, a ese algo que reside dentro de ti que no es más que tu espíritu tratando de mostrarte lo que tu en verdad eres, lo que tu en verdad quieres, y tu verdad particular, verdad que es una pequeña parte de la gran verdad universal.

De ese modo, cuando llegas a estar en contacto con esa verdad e inconsciente o conscientemente la experimentas, llegas a sentir confusión, llegas a cuestionar el porqué de todo, y porqué no entiendes nada de nada. Entonces te desesperas, te deprimes, y llegas a sentir total insatisfacción, porque nada ni nadie te ha dado una respuesta concreta que vaya acorde con tu verdad y con tus sentimientos; simplemente te enseñaron a vivir de cierta forma, aceptando a todas las cosas sin lugar a quejas, y eso termina por afectar mucho a tu personalidad y a tu singularidad.

Te has preguntado alguna vez, Marú, ¿por qué la gente hace lo que hace? ¿Por qué la gente cree en lo que cree? Y sobre todo ¿Por qué están obligados a pertenecer a ciertas sociedades, a formar parte de ciertas tradiciones y adoptar ciertas religiones y sólidas creencias?

"Eso mismo, Dante, es prácticamente lo que no sólo lo he vivido durante veinticinco años de mi vida, si no también es algo que muchas veces me he llegado a preguntar el porqué, pero claramente puedo ahora ver que todas ellas no eran más que preguntas sin respuestas".

Y, dime, Marú ¿De dónde crees tú que vengan todas esas creencias, esas costumbres, y sobre todo esas obligaciones?

"Veamos, Dante, pues, creo que todo lo aprendimos desde nuestra crianza, desde el contacto con los padres, luego continuamos con lo que nos enseñan en los colegios. Luego todo eso continúa en las conversaciones y vivencias con amigos. Todo esto continúa después en las universidades, en nuestros trabajos—aquellos que optamos tener—y así todo eso está presente en todos lados, creo entonces que todo eso, todo lo que conocemos y hacemos emerge de la sociedad en general".

Okay, y dime ahora una cosa más, Marú: ¿Tienes idea de quién enseñó todas esas cosas a las personas que conforman la sociedad en general?

"Bueno, creo que ésa es una muy buena pregunta, Dante. No sabría decirte la respuesta ni con claridad ni con exactitud, pero podría suponer que fueron sus familiares o la gente más cercana a ellos. No lo sabría con determinación, pero tal vez fueron los antepasados quienes fueron los primeros en conquistar las ciudades y a las civilizaciones".

Eso es un tanto correcto, Marú, fueron ellos mismos, aunque los antepasados no precisamente fueron los primeros, pero en fin, ellos mismos también fueron engañados e inculcados, pero esta vez por ellos mismos. Ellos fueron engañados por sus propias creaciones, las creaciones más viles y egoístas que puede tener el ser humano: la ambición y el deseo de poder absoluto sobre todas las cosas y sobre todas las personas, fue así como decidieron apoderarse del mundo y someter a su manera a toda la humanidad.

Debes saber que en una sociedad divina como la que actualmente vivimos, aunque claro, no lo sabemos y la tomamos por una humanidad perdida, de todos los habitantes que a ésta la componen y habitan, sólo cierta porción, una porción muy parecida y aproximada a un valor de 20 por ciento, son al parecer seres más evolucionados tanto en pensamiento, razonamiento y comprensión sobre las cosas, además de tener un criterio propio. El aproximado 80 por ciento de la humanidad está aún en proceso de transformación, y en el peor de los casos pueden crear cierto caos debido a su falta de comprensión hacia las cosas y a su inestabilidad evolutiva.

Sucede que algún ser inestable, inescrupuloso y con resentimiento hacia las cosas, hacia la vida, proveniente de aquel 80 por ciento, aún sabiendo la verdad universal de las cosas, Marú—ten en cuenta que en un principio la verdad del funcionamiento de todas las cosas se sabía, tal como ahora sabemos el abecedario—sucede que aquel individuo decidió usarla para mal, decidió usarla para beneficio y satisfacción propias, sin importar el impacto que esto pudiera causar a los demás (como en toda manada, y en toda sociedad, no faltan las ovejas negras). Conociendo el origen de un pensamiento, sabiendo que al plantar un pensamiento en una mente, éste puede crecer, crear, y materializarse, incluso llegar a mal formarse y distorsionarse si así uno lo permite, pues entonces así fue como se empezó a confundir a la mayoría de los humanos plantando en sus mentes cuentos e inventos, alejándolos del conocimiento original de las cosas, optando por dejarlos en la ignorancia total de sus grandes cualidades internas y de su verdadera naturaleza, pues así fue como empezaron a formarse en las mentes la duda, la carencia, la debilidad humana ante la adversidad, los infalibles deberes y obligaciones que venían del mandato y el régimen de alguien más. Además, se creó la peor de todas las creaciones: la entonada diferencia entre hombres y mujeres, niños y niñas.

Así es como luego se crearon más y más cosas, se creó un cierto tipo de economía, donde se plantaron semillas de dificultad en la mente de las personas. También se plantaron semillas de ambición por poseer más, más, y más, sin importar lo que esto arrastre de por medio; así entre otras cosas, surgió el miedo—y entonces crearon el dinero.

¿Te das cuenta, Marú, de lo que es el dinero? En sí, no es ni bueno ni malo; es sólo dinero, papel o metal, que no es más que una invención humana, surgida por una necesidad de poner etiquetas y valor a todas las cosas. Si las personas así lo hubieran querido, hubieran dado valor

a las piedras, a la arena y las rocas—en otras palabras, es una creación que ha surgido de la nada, y como creación humana jamás podrá ser estable, siempre existirá o en exceso o en carencia. Es increíble ver cómo los humanos han endiosado al dinero, y han puesto al mundo entero a girar en torno a éste.

Actualmente muchos matan, se desprestigian, arruinan nuestro hábitat natural, y hasta incluso venden sus almas y sus cuerpos por obtener un poco del tal dinero, como si fuera algo real, y lo cierto es que ¡No lo es! Puesto que no están haciendo algo más que seguir y seguir con el juego y con la invención de otros. ¿Sabes? Esto me recuerda a cuando jugaba monopolio con mi familia y amigos. Jugar era divertido y excitante, pero más allá de eso, no pasaba de ser un simple y divertido juego de mesa. Actualmente es triste ver cómo la gente ha tomado tan en serio al juego del dinero, tanto así que las siguientes generaciones ya nacen y son programadas y condicionadas desde la cuna a vivir y a morir por este bien tangible, como si en verdad fuese parte vital de ellos, tal como lo es el aire que respiran.

Y es así, Marú, la manera en que unos pocos y codiciosos impusieron su voluntad, su hambre de poder y ansias de tener, destruyendo así a la antigua, balanceada y moderada civilización que alguna vez fue el matriarcado ¿Lo sabías? Dominando y doblegando así a las mujeres y a todo lo femenino para crear lo que ahora conocemos como el patriarcado. Es evidente que seguimos actualmente viviendo en sus regímenes, claro está.

Una vez habiendo eliminado todo lo que alguna vez fue el matriarcado, se fundó el poderoso imperio del patriarcado, y el resto es historia, puesto que desde ahí es donde inicia la historia del mundo tal como la conocemos hoy. Todo inicia con guerras, con conquistas, dominio y sometimiento de los pueblos, para esparcir creencias y tradiciones no sólo generales, sino obligatorias. Ahí fue donde se crearon los peores castigos para los "rebeldes" quienes se negaban a participar de tales sometimientos. Entonces se inventaron los castigos físicos que iban desde crueles laceraciones corporales hasta ser quemados vivos en piras. Debido a su desobediencia, además se creó el peor de *los sometimientos, la dependencia emocional y espiritual, crearon el infierno y el demonio, entonces tergiversaron a la divinidad con la creación de seres superiores, de dioses malvados y vengativos, a quienes si ignoramos ciertos mandatos y obligaciones, si no nos sometemos a su irrefutable voluntad, nos castigarán, destruyéndonos de las peores maneras, y nos mandarán a arder al infierno.*

Fue entonces cuando surgieron cambios drásticos en el mundo. Las personas dejaron de expresar sus emociones, éstas se redujeron a tan sólo debilidades humanas. Muchas capacidades y habilidades internas y naturales, las que el antiguo matriarcado aportó se perdieron, fueron cambiados por vivencias extremas en el patriarcado, es por eso que en estos tiempos las cosas tienden a ser tan extremas: o son muy buenas o son muy malas. En fin, se llegó a romper el balance vital que una vez tuvimos, se canceló y destruyó aquella noción de balance, de modo que las cosas extremas reinaron en la Tierra, dominando a las sociedades y creando muchas cosas—leyes, creencias, tradiciones, además de existir las interminables persecuciones por los fanáticos y por las sectas que originalmente crearon tales tendencias.

Tal como sucedía en el siglo XIII, donde todo aquel que se oponía a cierta creencia o a cierta ley impuesta era tomado por hereje o traidor, y su destino era ser perseguido y quemado vivo o ahorcado y decapitado en los principales centros públicos y plazas de las ciudades; ésa era la lección principal que se pretendía dar a los ciudadanos y observadores de tal hazaña, para que no pretendan hacer o creer en otra cosa que no fuera aquello que se les ordenó ser, hacer o creer.

De esa manera, Marú, todos esos acontecimientos creados nos hicieron olvidar de quiénes realmente somos, entonces, invadidos por el temor, dejamos de creer que somos algo mejor que esclavos humanos de las circunstancias. Dejamos de pensar que valemos mucho y que somos totalmente auténticos, de esa manera la singularidad fue removida de todos y cada uno de nosotros, puesto que en cierta forma hemos sido forzados desde el nacimiento a condicionar nuestra personalidad de acuerdo al entorno social que se ha decidido crear. En consecuencia a todo aquello, salieron a flote el pánico, la desesperación, el temor, el odio y el resentimiento, y se expandieron como nunca, se expandieron como hiedras venenosas; de esta manera fue como en esta nueva creación del mundo, emergieron los malestares, las enfermedades, la decrepitud y el eterno sufrimiento entre otras cosas. Debes saber además que cualquier tipo de males y malestares son los contrarios del bienestar natural, el cual cada uno de nosotros naturalmente poseemos, debes saber que todos los males actuales no sólo suceden a solicitud nuestra, sino también por la ignorancia masiva y extrema que se ha creado en este mundo, por el hecho de haber anulado nuestro balance natural vital. Lo cierto es que nosotros los humanos no podemos llegar a caer presas de cualquier mal si en cierto modo no lo causamos nosotros mismos; podemos obtener bienestar instantáneamente, tan sólo tomando la simple decisión de estar bien. El malestar y la desesperación son sólo las consecuencias de esta creación: la actual percepción.

¡Wow! En este momento siento que de repente mi manera de percibir y mi actual conocimiento de las cosas giran en 360 grados, dejándome una puerta abierta hacia más y más conocimiento. Puesto que aún me siento una mujer ignorante en esta vida, decido cuestionar e inquirir un poco más en los relatos de Dante:

"Pero entonces, Dante ¿Cómo es que aquello lo que conocemos como males y malestares, realmente no existen en nuestra verdadera naturaleza? Entonces ¿Por qué la gente en un momento dado llega a caer presa de las enfermedades y termina por morir debido a estas innumerables enfermedades y males que existen en este mundo?"

Debes saber, Marú, que todo aquello que se ha creado como enfermedad tiene dentro de sí la semilla de toda curación. Cuando el cuerpo humano se enferma, lo hace por voluntad propia. La sumatoria de incomodidades acumuladas eventualmente termina por convertirse en males. Irónicamente los humanos no saben que todo eso es causado por su propia actitud y voluntad. Los doctores hoy en día, poco a poco están llegando a darse cuenta de que las enfermedades no existen como tal, sino que son creadas por la conciencia herrada por parte de los seres humanos. Es así como hoy en día estas enfermedades están siendo denominadas "enfermedades del alma".

En un principio todos nosotros, todos los humanos lo sabíamos, sabíamos todo esto y mucho más, pero nos hicieron olvidar todo, creándonos así nuevas necesidades para satisfacer y cumplir con la voluntad de los creadores de este enfermizo y frágil mundo, el mundo que hasta ahora conocemos. Si llegásemos a comparar lo que solíamos ser alguna vez con lo que somos ahora, claramente veríamos que nos redujeron a cenizas. Nos minimizaron, nos hicieron sentir incapaces, envenenando primero nuestra conciencia con eventos, condiciones, y circunstancias, creando así primero una conciencia individual, para luego crear una conciencia universal, una conciencia temerosa y enfermiza, la cual es fácilmente maleable y por lo tanto fácilmente controlable.

"Viéndolo así, Dante, me atrevo a deducir que las nuevas generaciones están en peligro no sólo de aprender, sino también a ser impuestas a actuar de ciertas maneras y a sufrir lo que sufrieron sus ancestros ¿O sea que la historia se repite una y otra vez? Pero ¿hasta cuándo?"

Algo muy cierto, Marú, es que desde que se creó y se impuso este nuevo sistema de dominio total sobre la Tierra, los humanos empezaron creer que eran los dueños de todo, desde tierras, recursos naturales, animales, hasta de sus semejantes, tomando como sus propiedades a sus conyugues y a sus hijos.

Las mujeres fueron tomadas como seres inferiores, se les restó importancia y las aislaron de las sociedades, asignándoles pocas labores o labores sin importancia para evitar que intervengan en las cosas, fueron excluidas totalmente de tomar cualquier tipo de decisiones importantes. Algunas civilizaciones no sólo excluyeron a las mujeres, sino que les quitaron todo los derechos de seres humanos, incluso el derecho a vivir. Otras civilizaciones crearon textos supuestamente sagrados, supuestamente escritos por la misma mano de Dios, para así terminar de anularlas por completo, además de satanizarlas y echarles la culpa de todos los males. Pero lo más triste es que todo esto se ha transferido de generación en generación, inclusive hasta ahora puede verse inculcado el machismo en cualquier lugar y en cualquier momento.

A pesar de que el machismo ha sido creado por hombres hambrientos de poder y dominio sobre el mundo, ha sido fielmente seguido por muchas mujeres; el machismo ha sido transmitido de generación en generación no sólo por parte de los hombres, sino también por parte de las mismas mujeres.

"¿Por las mismas mujeres?" Pasmada, pregunto a Dante. "No entiendo por qué una mujer podría enseñar una forma tan vil de sufrimiento y esclavitud a sus hijos e hijas como es el machismo—¿acaso no lo repudian y están actualmente luchando contra ello?"

Precisamente por eso, Marú, es que el sufrimiento y la esclavitud pasan de generación en generación, lo que a ellas les han enseñado sus padres, abuelos, y ancestros, ellas de la misma manera lo transmiten a sus hijos, porque la mayoría de ellas no saben que tienen, ni que existen siquiera otras opciones. La mayoría de la gente anda tan confundida gracias a la ignorancia heredada y transmitida que no pueden ver más allá de lo que les han enseñado. No pueden ver la infinidad de opciones ni experimentar lo vasto e infinito que es el mundo, porque simplemente no conocen nada más. No son conscientes de que algo más pueda existir, y por ende no es posible ver aquello que uno no conoce. Además, los humanos temerosos siempre apostarán a lo conocido.

No sólo el machismo, sexismo, y cualquier otro tipo de esclavitud son transferidos de padres a hijos, sino todas las formas de ignorancia posibles, tales como sufrimiento crónico, dolor, carencia, miedo a todo lo que nos rodea, miedo a lo desconocido, miedo a Dios, entre muchas otras formas de ignorancia que terminan por quitar la singularidad y la libertad de cada nuevo ser humano que viene a este mundo. Entonces, de esta manera, los errores de los padres son transferidos a los hijos, como si la vida no fuera más que un manual de instrucciones obligatorias que se repite una y otra vez de generación en generación. Finalmente se puede decir que si un nuevo ser no ha sido impulsado para ser libre e independiente y tener el control de su vida y de sus experiencias, eventualmente terminará por escapar de esa prisión psicológica impuesta de la misma manera que decidió escapar tu amiga Wendy—o peor aún, se rebelarán ante el mundo, convirtiéndose así en seres rebeldes, tal es el caso de los drogadictos, los asesinos, los violadores, quienes actúan dañando no sólo a la sociedad que los creó, sino también a ellos mismos por ser un engendro de esta confusa e incierta sociedad.

Debes saber que desde siempre los seres humanos hemos estado viviendo limitados ya sea por algo o por alguien. Incluso ahora en estos tiempos, vivimos de la manera en que vivimos y conocemos lo que conocemos porque lamentablemente nada ni nadie nos ha enseñando a pensar y a vivir de una manera más amplia y más realista. Al contrario, hemos estado siempre obedeciendo a algo, siempre cumpliendo con estrictas peticiones y leyes, siempre dentro un molde común en el cual se ha decidido meternos a todos en condición de simples y frágiles seres humanos.

Existen cosas que en el pasado ya una vez nos han llegado a causar daños personales, así como muchos perjuicios como humanidad, llegando al punto de perder la virtud de desarrollarnos como plenos seres humanos—cosas que innegablemente en nuestros tiempos actuales se repiten una y otra vez.

Verás, Marú, entre ciertas cosas que no hacen más que evocar al fantasma del pasado y a sus perjuicios, claramente podemos notar que hoy en día la desigualdad entre géneros persiste—tal desigualdad que incluso en estos tiempos tiene un toque de protección y amparo en naciones enteras que conforman a este mundo, habiendo creado en la *mente de las personas sentimientos de dominio y posesión absoluta hacia el conyugue, ignorando y quebrantando al amor y a la libertad. En muchos casos y en muchas naciones, aboliendo la igualdad de derechos entre hombres y mujeres, siempre inutilizando y denigrando a uno para favorecer al otro, tal como ha sucedido con el caso de las mujeres durante tantos siglos en el pasado.*

Ha sucedido desde siempre, y somos fieles y actuales testigos de ello, la raíz de muchos de los problemas de la sociedad es la errónea idea de que los hijos no son otra cosa que posesiones, y por lo tanto deben ser tratados como mercancías personales; además de ser retenidos por siempre. Cuando en realidad, al actuar así no se hace otra cosa que cortarles las alas y enterrarlos vivos, junto con su singularidad y sus anhelos propios. Se dice que detrás el delgado velo de las intenciones de un padre extremadamente preocupado por las experiencias de sus hijos, reside el mayor saqueador de los sueños de sus hijos, justificándose en la idea de que soñar es cosa de tontos. ¿Pero acaso no fueron los soñadores quienes han sido los pioneros y los creadores de nuestro progreso? Sin ellos, jamás hubiese sido posible crear nada. Aquellos quienes actúan acaparando tanto a sus conyugues como a sus sucesores no son otra cosa que asesinos en potencia, matando lo más hermoso y valioso que poseen los seres humanos, que es la ilusión y el deseo de ser y de vivir una vida en libertad. Es triste ver cómo los humanos enloquecieron y cómo sus sistemas de creencias está basado en la idea de propiedad; aquello, lo que se ha hecho por muchos siglos hasta ahora con cada ser humano que viene a este mundo, no es nada diferente a lo que se hacía siglos atrás en China con los pies de las mujeres. Los pies eran conformados a zapatos pequeños, y así, estos tomaron la forma de esos diminutos zapatos y nunca crecieron. De esa manera, terminaron por afectar al cuerpo entero de la mujer; gracias a ello, ellas ya no podían caminar con facilidad. Aquellos diminutos pies ya no podían sostener el cuerpo de las mujeres—y todo aquello sólo porque a alguien se le ocurrió alguna vez la idea que una mujer era más bella si tenía lo pies pequeños. ¿Te imaginas?

Si juzgáramos a la mala manera de gobernar a este frágil mundo, tanto en el pasado como en el presente, veríamos que la gran mayoría de los cínicos que se hacen llamar gobernantes han decidido y han preferido mantener a los pueblos en la ignorancia total, acarreando y acumulando día tras día, año tras año, siglo tras siglo, mentiras tan grandes que con el paso del tiempo han terminado por convertirse en cínicas e irrefutables verdades.

Verás, Marú, no existe verdad más dolorosa que el saber que quienes nos gobiernan andan más preocupados por tener el poder total y mantenerse en él que por tratar de hacer las cosas bien, mejorar nuestra calidad de vida, y así, de una vez solucionar los principales problemas que desde siempre han aquejado al mundo entero. Eternamente haciéndonos creer que buscan la paz, cuando en realidad no hacen más que manipularnos y llevarnos hacia las más viles y sucias guerras, intensificando la falta de paz, incrementando la violencia y las diferencias entre seres humanos y naciones, generando cada vez más intolerancia, y más odio. La resultante de todo esto es que a pesar de que todos y cada uno de nosotros somos conscientes de que la violencia en cualquiera de sus formas es un perjuicio para la humanidad, irónicamente hoy en día podemos ver que ésta es utilizada como el mejor de los entretenimientos y como la más extrema diversión presente en la naturaleza. En consecuencia, no sólo la violencia sino también el morbo y la crueldad de humanos hacia los mismos humanos han llegado a convertirse en los temas actuales principales; temas que resaltan a la violencia extrema—atentados, guerras y muertes—son los encabezados principales que han llegado a capturar toda nuestra atención, además de posicionarse en las primeras páginas de todo. Al contrario, las cosas buenas que diariamente ocurren ante nuestros ojos son las que menos gozan de nuestra atención e interés, además éstas son las que se sitúan en las últimas páginas de todo—si es que éstas se llegasen a difundir. De esa manera, innegablemente tales circunstancias no son más que un difícil reto hacia nuestra manera de percibir a la vida como placentera y agradable. De esa manera hasta ahora no hemos hecho otra cosa mejor *que considerar a la vida y al mundo entero como un lugar trágico; cada día a día, hora tras hora, minuto a minuto, aprendemos de forma muy consciente que la vida no es otra cosa que un castigo.*

Si analizáramos y observáramos de una manera más objetiva a los sistemas de educación tanto de antaño como actuales, caeríamos en cuenta que aunque la educación y las enseñanzas tradicionales tienen la capacidad de transmitir conocimientos generales, de una manera increíble, tales sistemas no tienen la capacidad de forjar carácter propio y espíritu de independencia, emprendimiento y superación a los jóvenes de la nuevas generaciones, enfatizándose en las debilidades externas y olvidando las capacidades internas.

Tal parece que los textos "educativos" han sido creados por personas que desean que el mundo sea visto de una manera muy particular y egoísta, pretendiendo que se llegue siempre a las mismas conclusiones planteadas en el pasado, sometiendo así a las nuevas generaciones a cometer una vez más los mismos errores que causaron tales conclusiones, llevando una vez más al mundo hacia la espesa ignorancia tal como sucedió en el pasado. Imagínate ¿Qué sucedería el día en que nos exhortaran y nos enseñaran a analizar las cosas, a explorar y a sacar nuevas conclusiones? Parece contradictorio, pero al parecer en este estilo de vida, no queremos que las nuevas generaciones conozcan ni siquiera los patrones básicos de la vida; al contrario, anhelamos con vehemencia que se sigan las mismas normas que siempre se han seguido por siglos.

Lo cierto, Marú, es que si este mundo está al límite de la perdición, no es precisamente debido a las cosas que vemos y enseñamos hoy en día; hemos enloquecido por todo aquello que como grandes seres humanos que somos, se nos ha negado, y no se nos ha permitido ni ver ni aprender. Precisamente por esa razón, no es posible detectar con frecuencia a personas quienes quieren ver libres a las nuevas generaciones de seres humanos. Al contrario, desean egoístamente retenerlos en el nido, dentro de la misma olla de tradiciones, siempre sobreprotegiéndolos, incluso del mismo aire que respiran. Con esa sofocadora actitud, no hacen más que minimizarlos e inutilizarlos de por vida, sin darse cuenta que la vida está compuesta por una cadena de decisiones propias, y la resultante de una decisión errónea, ajena a la de sus deseos, puede ser el detonante de la decadencia de una vida entera, tal como ocurre con una planta. El regarla en exceso no hará más que podrirla, entonces ¿por qué continuar envenenando de manera voluntaria el futuro con las ruinas del pasado? Es obvio, que la más grande de todas las limitaciones existentes es la heredada de generación tras generación. Aparentemente la humanidad aún no ha sido capaz de darse cuenta de que el triunfo de la generación futura depende del total desprendimiento hacia el pasado realizado por la generación presente. Forzando lealtad al pasado y a los ancestros—con sentido de propiedad hacia los sucesores—no hacemos más que trazar un camino incierto y lleno de infortunios y malos augurios para las nuevas generaciones.

Lamentablemente, existen miles de personas quienes piensan que deben actuar de la misma manera en que sus ancestros actuaron; tal parece que no ven una mejor solución. Aquellos se hallan fuertemente encadenados a la secular tradición, y no experimentan el importante hecho de llevar una vida libre, ni siquiera una vida propia. Son sólo títeres, actores de una película ajena, en la cual a falta de opciones deciden actuar. Es ahora o nunca cuando debería iniciarse una liberación y un abandono permanente a los precarios pensamientos. Más claro no puede ser, ya lo hemos visto en ejemplos diariamente vívidos cómo nuestra humanidad ha quedado en estado "stand by" mientras todo lo demás evoluciona a su alrededor siguiendo su curso natural de vida. Pero ¿cómo puede alguien, ya sea persona, civilización, país, incluso el mundo entero, madurar, crecer, y evolucionar, si actualmente se insiste en seguir haciendo las cosas tal y cual y como han sido hechas desde siempre?

De una vez por todas, los seres humanos deberían apostar por la libertad ante todas las cosas y dejar de manipular a las nuevas y próximas generaciones. Los seres humanos debiéramos entender que todo tipo de sentimientos y pensamientos que afluyen de todos y cada uno de nosotros, son meras sensaciones humanas, y por lo tanto debiéramos de aceptarlos. Además debiéramos comprender que cada parte de nosotros, cada pequeña parte de nuestros maravillosos cuerpos forman parte de esta maravillosa y pura creación, por lo tanto no debiéramos ni repudiarlo ni tomarlo como una cosa mala, como se enseñó en el pasado. Negando a las cosas naturales no se hace otra cosa que atrofiar el balance natural de las cosas y de las personas. Reprimiendo y anulando los sentimientos y las emociones es una aniquilación a la naturaleza de la humanidad; es así como poco a poco hemos ido desnaturalizándonos y perdiendo nuestros verdaderos instintos, nuestros instintos naturales.

Es por eso que día a día observamos cómo la gente ha terminado haciendo daño y matando; han iniciado guerras llegado a destruir ciudades enteras. Cada día se incrementan los robos, saqueos, violaciones, entre otros males; finalmente la humanidad termina cayendo víctima de la humanidad. Y todo esto debido a la confusión que se ha generado y desarrollado desde los primeros días de nuestras vidas. Hemos sido guiados hacia una vida llena de restricciones tanto de sentimientos como de acciones, llegándose éstos a acumular convirtiéndose en confusión—que es una emoción ajena y muy poco natural—creando así daños irreversibles cuando uno crece y se convierte en adulto.

Es muy natural que todos los seres humanos experimenten en alguna etapa de sus vidas diferentes formas de sentimientos, ya sean malos, ya sean buenos, pero todos ellos debieran ser expresados y evaluados por sí mismos y así poder descartarlos o aceptarlos. No debieran ser reprimidos ni prohibidos de expresar o pensar sólo porque en cierta manera y para cierta persona son malos. No debieran someter a nadie a actuar bajo la voluntad y la percepción de nadie, especialmente porque es muy cierto que la extrema prohibición termina por generar un extremo deseo.

Entre otras cosas, Marú, si llegáramos a tocar el punto detonante de toda sociedad en general, podríamos claramente ver las cosas como son. Muchas tendencias religiosas y sectas que existen y dominan en muchas sociedades han sido mal llevadas, siendo éstas más enfocadas hacia el mercantilismo que hacia el bienestar espiritual, y predicadas de una manera muy objetiva y muy personal, con doctrinas totalmente diferentes y en contra de las leyes naturales de la vida, llegando a separar al hombre de Dios por medio de una enorme y profunda brecha, haciéndonos ver como seres eternamente culpables, destinados al martirio y al eterno sufrimiento, y haciéndonos ver a nuestro tan amado Dios como un mal juez y dictador, quien dirige y alienta a la humanidad a actuar y a pensar de cierta manera, alejándonos de las mejores cosas que armoniosamente nos ofrece la vida, privándonos de todo, separándonos de todos, condenando a nuestros cuerpos y a sus magníficas funciones, reduciéndonos a simples seres que no valen nada. Pero si en verdad nuestra naturaleza humana fuese tan mala como nos la muestran, si en verdad el cuerpo humano fuera un sucio mal como lo han tachado por tanto tiempo, créeme, Marú, la naturaleza es sabia. En ese caso no hubiésemos nacido con órganos sexuales, y de hecho, nos reproduciríamos en laboratorios.

Aquellos falsos y mercantilistas profetas crearon deidades con sed de venganza, con la única finalidad de manipularnos y dirigirnos hacia ciertas irrefutables ideologías. Créeme, Marú, de una vez por todas, los seres humanos necesitamos comprender que Dios es más grande de lo que aquellos imaginarían alguna vez y que en realidad no tiene predilecciones de ninguna clase, las predilecciones de Dios no podrían ser reducidas a tan sólo un pequeño grupo de personas con ciertas cualidades; cualquier tendencia religiosa siempre tenderá a clasificar a los humanos de acuerdo a sus intenciones sobre ellos. Aquellos predicadores omitieron por completo la parte más esencial: ellos omitieron enseñarnos que Dios no es una limitante, y que se encuentra disperso en el vasto universo, en el aire que respiramos y en cada gota de agua. Cada partícula que conforma al universo está bañada e inmersa por la misma esencia de Dios.

Pero como todo mal tiene dentro de sí la semilla de la curación, luego de una larga y oscura noche, al final siempre amanece un nuevo día. Pronto llegará el día en el que nuevos seres vendrán y puedan llegar a tomar decisiones meramente propias, decisiones que les permitan sobresalir de la masa común en vez de simplemente limitarse a repetir la historia y cometer los mismos errores una y otra vez, cayendo en el ciclo de la mediocridad general.

Una cosa muy cierta, Marú: al momento de dejar las cuatro paredes de tu cómoda casa, de tu coraza protectora del mundo exterior, al abrir las puertas para realizar un recorrido que sale de tu rutina, terminarías por perderte en el maravilloso mundo. Una vez perdida, llegarías a ver las cosas que te rodean como si fuera la primera vez que las ves, y llegarías a darte cuenta de que no sabes nada de nada porque te enseñaron a vivir como un pez en una estrecha pecera. La pecera no era más que las limitaciones transmitidas y heredadas, y cuando finalmente logras salir de aquella estrecha pecera, entonces terminas por darte cuenta de que allá afuera existe un mar de dimensiones inimaginables.

Ya es tiempo de entender el verdadero significado de la libertad de una vez por todas, y dejar de dañar a la nueva generación, tratando de acondicionarla a su caprichoso antojo.

Verás, Marú, los humanos somos análogos a una masa de plastilina. La sociedad es el molde, aunque un molde tiene las características de ser inflexible, duro e irrompible, mientras que la masa de plastilina tiene las características de ser moldeable, blanda, metamórfica y expansible. La situación actual nos demuestra claramente cómo la masa de plastilina ya no cabe en ese estrecho y rígido molde social.

"Entonces, Dante, lo que tú me quieres decir es que sin importar cuánto mal haya habido en el pasado, o lo haya en el presente ¿Siempre habrá la oportunidad de revertir las cosas hacia un mejor futuro?"

Sí, eso es correcto, Marú, no importa cuántos años hayamos pasado en sequía, al final siempre lloverá; en algunas circunstancias lloverá tanto que donde antes solía ser un seco y estéril desierto, terminará por convertirse en un extenso mar. Para que ocurra la maravilla evolutiva que tenga que ocurrir, no simplemente deberíamos esperar sentados a que algo acontezca, sino al contrario, actuar como un agente de cambio; no esperar a que un milagro ocurra; sino ser ese milagro. Y esto no es algo del otro mundo, ni tampoco es algo tomado de un cuento de hadas; esto es algo muy real y muy cierto, aunque poco comprendido. Sucede que la vida misma es un acto milagroso. Aquello, que en realidad debiéramos hacer los seres humanos es simplemente tratar, intentar aunque sea un poquito vernos a nosotros mismos como aquello que en realidad somos, puesto que ni en realidad ni a ciencia cierta conocemos con exactitud lo que es la vida. Muchos de nosotros poseemos vagas ideas acerca de lo que somos, creemos que somos todo aquello que la sociedad nos ha enseñado a ser, tomamos como real sólo a aquello que nos han enseñado acerca de cómo funciona la vida, además tenemos muchas reglas irrompibles sobre cómo debemos vivir. Generalmente terminamos tratando a los demás tal como nosotros hemos sido tratados—juzgamos a los demás de la misma manera por la cual nos juzgamos a nosotros mismos. Apuesto a que si pudiéramos silenciar todo ese ajeno ruido externo e intentáramos escuchar a nuestra voz interna, con seguridad podríamos escuchar nuestras propias palabras, deseos, sentimientos y peticiones. Créeme, después de eso todo lo demás sería más fácil; las cosas estarían más claras para nosotros, y habríamos logrado escuchar una gran verdad—nuestra verdad.

Así que, después de todo eso, Marú, yo no echaría la total culpa a nuestra actual sociedad, a nuestros padres y educadores. ¿Qué gran cosa pueden ellos saber acerca de lo que es verdadero y natural, si a ellos mismos les trazaron un determinado e irrechazable camino? A ellos les impusieron la misma manera ridícula de ser, de vivir, de criar hijos, someterlos, obligarlos y apropiarlos, pero lo cierto es que ése es un tema obsoleto que debe trascender y evolucionar. El mero hecho de echar la culpa a alguien más por la ignorancia en la que actualmente nos encontramos es una de las maneras más seguras de seguir siendo ignorantes; culpando a los demás, sólo renunciamos a nuestra voluntad y a nuestro poder de elección, culpando tanto a los demás como a las *circunstancias externas fallamos en nuestra responsabilidad sobre nosotros mismos.*

Como verás, Marú, todo cambio va de la mano con la evolución, y para empezar a evolucionar de una vez por todas, definitivamente deberíamos forjar conceptos más sólidos de libertad, olvidar la limitación, opresión y control, como lo hemos experimentado y vivido hasta ahora. En vez de seguir presionándonos y obligarnos a "estudiar"—a lo cual debería llamarse mejor "memorizar"—fechas, eventos, himnos y sobre todo opiniones ajenas, debería enseñarse el maravilloso funcionamiento de la mente, cómo ser prospero, cómo criar correctamente a un hijo, cómo ser independiente, cómo amarse y aceptarse a sí mismo, entre otras cosas. Debemos entender que las relaciones humanas son mucho más llevaderas si dejamos atrás el deseo de controlar las vidas y las experiencias de los demás, evidentemente las relaciones humanas son mucho mejores cuando se actúa con desapego hacia los demás, debiéramos amar y respetar a los demás dejándoles elegir el camino de su elección, sin restricciones, limitaciones, e imposiciones; parece contradictorio, pero cuanto menor es el esfuerzo por dominar y tener control sobre una determinada persona, más unida se sentirá esa persona a nosotros; si por el contrario intentamos tener el control total sobre esa persona, muy pronto tal persona se alejará. Esto nos enseña claramente la necesidad de libertad inherente que posee cada uno de nosotros; un humano privado de libertad no es más que un prisionero de la vida, un muerto viviente.

Debemos además comprender y tener muy en cuenta que para deshacerse de cierto erróneo patrón mental plantado dentro de nosotros, uno debe empezar por ser consciente de ese errado patrón. De no ser así, la vida entera estará regida y dirigida por ello, y eventualmente uno terminará por reflejarlo en otras personas y transmitirlo a sus sucesores; uno además terminará por atraer a cierta gente o a las circunstancias afines a ese patrón, viéndolo así como una realidad inexorable. Cuando lo único que necesitamos para cambiar cierto modelo mental obsoleto es simplemente la predisposición de hacerlo.

Somos seres dueños de nosotros mismos en totalidad, y así como somos dueños de nuestro cuerpo, también somos dueños de nuestra mente y espíritu. Como dueños debiéramos evitar que estos sean externamente manipulados. Cada uno de nosotros debería aprender a tener cierto control sobre nuestra mente y espíritu y por ende empezar a actuar de la mejor manera, de la manera natural, dejando fluir las emociones y sentimientos como un libre caudal, evitando el estancamiento, el cual eventualmente terminará por hacernos daño. Todo cuanto hacemos y pensamos es simplemente la resultante de un hábito que hemos decidido tener, y cualquier hábito puede ser cambiado o removido—basta con sólo tener en mente que es posible hacerlo.

La verdad, Marú, es que nadie está subyugado, ni encadenado, ni sometido a nada ni a la voluntad de nadie—ni debería estarlo tampoco. Por alguna razón, somos y nacimos libres ¿No lo crees? La humanidad entera debería comprender que el ser libres es un derecho irrenunciable, y éste debería ser transmitido a todos los seres humanos desde nuestros primeros pasos.

Es triste saber cómo muchas veces hemos sido persuadidos de ser o de hacer algo maravilloso, sólo porque muchas veces nos han dicho que esto o aquello simplemente es imposible de realizar. Quienes nos dicen que algo no puede hacerse, lo hacen sólo por que ellos mismos no tuvieron ni el valor ni la capacidad de intentarlo siquiera. Yo debo mis más grande logros a aquellos quienes en cierto momento me dijeron que no podría llegar más lejos o lograr más de lo que ellos lograron; muchos me dijeron que después del accidente no volvería a caminar nunca más, y mírame: ¡Hasta puedo correr! Pues gracias a ellos y a su absurda negatividad, logré desafiarlos y esforzarme más y ¡Finalmente lo logré! La mejor lección de todas es que para un ser humano, nada es imposible. Ahora me encuentro en este lugar, viviendo una vida totalmente libre y plena, logrando así quitar a ese espeso paradigma de imposibilidad plantado en la mente de la mayor parte de las personas. Yo pude eliminarla por completo de mi propia mente, puesto que yo siempre he anhelado la libertad sobre todas las cosas porque la libertad resultó ser la razón de mi existencia. Así que decidí abandonar a todo y a todos quienes se aferraron con la idea de continuar con una vida limitada y dependiente. Incluso abandoné a todo aquello y a aquellos que una vez trataron de convertirme a mí en dependiente, para así poder asumir y llevar el control total de mi vida como siento que lo hago ahora. Nunca me sentí tan feliz, tan independiente y tan libre como lo soy ahora.

Seguramente a ti también te enseñaron los límites de todo, que deberías ser alguien predeterminado, que deberías actuar y hacer cosas que provengan de la petición de alguien más, cosas tan vanas como que deberías comportarte de cierta manera, que deberías interactuar sólo con cierta gente, que deberías participar en determinadas culturas, que deberías rendir culto a cierto Dios, que deberías elegir cierta carrera, llevarla así por el resto de tus días, te guste o no, incluso te enseñaron cómo debieras pensar. No tiene sentido continuar viviendo una vida diseñada y comandada por otros. Continuar comprometidos con cosas que no nos agradan, sólo llena nuestra vida de insatisfacción; uno no logrará escapar de esa trampa a no ser que esté dispuesto a cambiar el tema principal—sus propios pensamientos y deseos.

De una vez por todas, la gente debe comprender que la independencia y la libertad sin condiciones son la única salida para eliminar el sufrimiento. Debemos liberarnos a nosotros mismos de cualquier imposición tanto externa como interna; debemos confiar en el universo como un fiel proveedor de todo lo que necesitemos a medida que recorremos nuestro verdadero camino, y en verdad ¡Lo hace! Hasta ahora jamás he tenido una necesidad insatisfecha, ni me ha faltado nada. Es increíble pero cierto: de la manera más inesperada, pude obtener todo lo que he necesitado para poder vivir en paz.

Muchas veces caemos en el gran error del apego material, lo cual no hace más que crearnos un innecesario sufrimiento, las cosas aparecen y desaparecen, vienen y van por nuestras vidas con la misma velocidad de un rayo, y eso no es razón de sufrimiento ni de martirio. Eso no es nada aproximado siquiera a lo que la verdadera vida es; al contrario, es más bien un encarcelamiento voluntario en una falsa y creada prisión de vida, *la cual nos mantiene encadenados a una percepción herrada, y gracias a esta generalizada y herrada percepción es que caminamos perdidos y confundidos por el mundo y sólo creamos el infierno en la Tierra. Si no nos liberarnos de esa pesada carga, lo seguiremos haciendo por mucho más tiempo del que podríamos soportar. Todo lo que deberíamos tener en cuenta es que cada minuto y cada segundo que pasa en nuestras vidas, algo dentro y algo fuera de nosotros está evolucionando constantemente. Es una ironía que nos quedemos precarios y obsoletos en cuanto a pensamientos y acciones, frenando nuestro desarrollo como plenos seres humanos y todo por aferrarnos a comportamientos ajenos y heredados que ya no surten efecto en la actualidad.*

Tú, amiga, Marú, ya tuviste tu oportunidad de poder dejar atrás a todo lo que una vez pudo causarte cierta limitación o incluso llegarte a generar un sentimiento de incomodidad. Recorriste muchas calles de muchas ciudades de este país, para caer en cuenta de que habitamos en un lugar maravilloso, pero repleto de dramas humanos. Terminaste por descubrir que la gente no hace otra cosa que desperdiciar su vida y su valioso tiempo estando inmersos de pies a cabeza en sus actuales comportamientos y en sus actuales dramas. Podrás llegar a recorrer las calles de todas y cada una de las ciudades de este mundo y caerías nuevamente en cuenta de que el mundo es un lugar mágico y maravilloso, pero repleto de dramas humanos, los cuales no son nada diferentes a los de hace muchísimos siglos, lo que claramente nos muestra que gracias a ello la historia se repite una y otra vez.

Ya empezaba a anochecer, y lo único que nos mantenía calientes e iluminados era la fogata de leña que mi nuevo amigo, Dante, decidió prender. Mientras tomábamos una deliciosa taza de té, pude sentir que este día había sido un día muy importante, uno de esos días que a uno lo marca para siempre. Me hubiera encantado quedarme unos días más con Dante, pero sentía mucha ansiedad por continuar mi camino y descubrir qué hay más allá en este bosque lleno de secretos, cosas hermosas, y gente maravillosa, así que me despedí de él, le agradecí por haberme dejado compartir un gran día con él y por haberme enseñado tantas cosas maravillosas de la vida, las cuales había desconocido por veinticinco años enteros de mi vida.

"Jamás olvides, amiga Marú, que cada día es un nuevo día y es el equivalente a una vida en miniatura. Cada día que pasa deberíamos tomar la decisión de aprender, comprender, sintetizar, y desaprender, para nuevamente aprender algo nuevo sin necesidad de aferrarnos a algo o a alguien, y así fluir libre y naturalmente, jamás olvides que todo lo que existe a nuestro alrededor fue una vez la idea de alguien. Nada en el universo existe sin que una vez haya existido en la mente de alguien más. No olvides que para crear debes desencadenar tu imaginación, todo lo que tienes que hacer es pensar, puedes ser, puedes hacer, y puedes tener cualquier cosa que seas capaz de imaginar. No olvides que atraes a ti mismo todo lo que quieres, así como también lo que temes. Nunca olvides que todo es cuestión de sentimientos.

Existen maravillas en el universo por descubrir, las cuales jamás hubieras podido imaginar ¡Que tengas suerte en tu viaje, amiga Marú!"

Mientras camino y me alejo de la casa de Dante, tengo un presentimiento; presiento que al final todo acabará bien, muy bien. No sólo es un simple sentimiento, sino que es algo que de alguna manera va con la corriente natural, va con la vida, con el mundo y su constante evolución. Un ser humano no puede fracasar en el intento; no existe manera de no poder llegar hacia donde nos dirigimos, no existe manera alguna de tomar el camino equivocado si uno decide apostar por la libertad sobre todas las cosas. El hecho de ser un ser humano y tener experiencias humanas es tan maravilloso y tan grande que cuando uno está consciente de ello, no puede jamás perderse.

Siento que la respuesta a todo lo que siempre hemos estado buscando y rebuscando, ha estado donde menos hemos buscado e incluso imaginado que podría estar ahí: la respuesta está dentro de cada uno de nosotros, y sólo nosotros la sabemos. A cada uno de nosotros nos ha sido dada una verdad, una verdad que no debe ser revelada por nadie, excepto por nosotros mismos. La vida no es sólo un descubrimiento, la vida es más que un descubrimiento; se convierte en una creación, todo empieza y se origina por una decisión y se desarrolla de acuerdo a nuestros deseos y propósitos sobre todo aquello que decidimos.

Haber conocido a un ser humano como Dante, es un buen aliciente para poder seguir adelante, para continuar con el descubrimiento más grande de todos, que es descubrirse a uno mismo y a la vida que tenemos por delante. Así que, con el corazón palpitante y rebosante de alegría, continúo con mi camino hacia el mejor de los descubrimientos, el descubrimiento de la verdad, el descubrimiento de la vida. Tal descubrimiento es lo único que nos hará libres.

III

DONDE TERMINA EL MUNDO

El fin no es más que la flor que posee dentro de sí a la semilla para iniciar un nuevo y mejor comienzo.

N uevamente me encuentro sola en algún lugar en el medio de este bosque, sola ante el día, sola ante la noche, sola ante el sol, sola ante la luna, tan sola que siento que no soy más que un diminuto punto solitario perdido en el medio de la nada.

Esta noche siento que estoy envuelta en el silencio total, silencio que emana de la soledad que me rodea. Casi puedo sentir que la noche y yo somos una sola cosa, tal como cuando uno zambulle en el mar sintiéndose totalmente rodeado y abrazado por el agua, fundido en ella como si fueran un solo cuerpo, perteneciendo a una sola cosa. Es así como me sentía yo: fundida y unificada con el manto oscuro y solitario de la noche.

La noche hoy está tan tranquila, tan fresca y serena. Hacía algún tiempo que no llegaba a sentir una noche tan mágica y radiante como ésta.

Me acuesto en el suelo bajo un frondoso pino. Preparo mi bolsa de dormir y decido que hoy pasaré la noche en este lugar debajo del cielo más hermoso, estrellado, y con la luna más llena, más brillante y cercana a la Tierra que jamás he visto.

Me pregunto porqué en algunos lugares, el cielo parece estar más cerca de a Tierra que en otros lugares. Hoy la luna y las estrellas aparentaban estar tan cerca que pareciese que bastaría con subir a una escalera para poderlas alcanzar.

Mientras observo el magnífico firmamento que tengo ante mí, puedo recordar que alguna vez tuve la oportunidad de leer algo acerca de ciertos rituales que tanto chamanes, amautas[4], y personas muy desarrolladas espiritualmente, entre otros, realizaban cada mes. Tal ritual consistía en que ellos bailaran bajo la luna cuando ésta estaba llena. Ellos decían que tanto las vibraciones como la energía que les proporcionaba este ritual de baile bajo la luna llena de alguna manera actuaba como una puerta que se abría en el interior del ser de cada uno, lo cual desarrollaba y aumentaba la intuición, la percepción, y

---

[4] *Amautas: "Hombres sabios".*

el conocimiento hacia uno mismo y hacia el universo entero. Ellos decían que no hay nada más singular y veraz que el contacto con las cosas naturales que nos rodean y embellecen nuestro mundo.

De la misma manera lo hacían nuestros ancestros, cuando sentían desahucio o confusión, o simplemente cuando llegaban a sentirse perdidos en algún momento de sus vidas, confundidos y sin respuesta alguna a sus plegarias, simplemente recurrían a la noche. Miraban hacia el firmamento y simplemente contemplaban el inmenso cielo y el enigmático manto estrellado de la noche hasta llegar a fundirse y convertirse uno con la misteriosa noche. Ellos recurrían a la luna, por el simple y mero hecho de contemplarla, sentirla y conversar con ella. Instantáneamente podían obtener una solución; podían llegar a escuchar una respuesta que brotaba de su interior. Era así como se solucionaban anteriormente algunos conflictos. Tanto conflictos generales como personales, se solucionaban de la mejor manera—simplemente observando, meditando, y deduciendo las cosas hasta finalmente obtener una solución, la cual era simple, natural y espontánea.

Es curioso cómo las personas hoy en día andan tan estresadas y al borde de la locura haciendo cosas, cosas para satisfacer a nada más y a nada menos que a las transitorias necesidades que repentinamente brotan de su entorno. Es gracioso detectar cómo las personas andan tan ocupadas y tan preocupadas tratando de satisfacer a las necesidades superfluas y pasajeras; la gente anda tan preocupada tratando sólo de sobrevivir que han llegado a olvidar por completo el maravilloso acto de vivir. Han dejado olvidado en algún lugar el recuerdo de que poseen una vida. Es triste saber que casi nunca, muy rara vez, o talvez nunca, han decidido por voluntad propia escapar alguna vez de su guarida de cuatro paredes; no han sido capaces de poder detenerse por un instante y simplemente mirar hacia arriba, observar al cielo y tratar de descubrir el enigma de la grandeza que se oculta en él. No han sido capaces ni de sentir ni de ver que ése es nuestro verdadero y único techo, que el misterio de todas las cosas, de toda la creación y de toda la evolución, puede ser observado y descubierto con tan sólo observar unos instantes el firmamento.

Si tan sólo la humanidad se detuviera un instante, tan sólo un instante, y entrara en razón acerca de lo que posee y de toda la belleza que nos rodea, estoy segura de que el mundo sería un lugar mejor.

Embelesada por el misterioso firmamento y por las cosas bellas que éste posee, cierro los ojos e intento relajarme. Trato de conciliar el sueño, respiro hondo y eso basta.

§§§

Al despertar, tengo ante mí a un nuevo y mágico día. Despierto en silencio, con la mente apagada y silenciosa, esta vez sin percibir desesperación, sin crear dudas, y sin sentir miedo. Creo que esta vez, de una vez por todas, logré conquistar y vencer al miedo, a las dudas, y a la desesperación, sentimientos que no iban a llevarme a ningún lado en absoluto.

Es increíble cómo suceden las cosas, cómo todo es mucho mejor y se torna mucho más claro cuando uno llega a dejar atrás la carga más pesada, esa carga que retrasa en cierta forma nuestra evolución y crecimiento personal, aquella carga que nos impide seguir adelante. Aquella carga no sólo es la más pesada de todas, sino que es también la más dañina y la más perjudicial para el inicio de cualquier cosa. Esa horrible carga se reduce y traduce a estos tres sentimientos: temor, desesperación, y duda juntos. El hecho de verse uno libre de toda esa carga que aportan esos pesados sentimientos es un total alivio y una gran liberación.

Ya no oigo esas voces que en un principio me atrofiaban y me llenaban de incertidumbre acerca de todas las cosas. Ya no siento duda, ni temor. Ya no oigo a esas voces molestosas de "no lo hagas; es peligroso", "mejor vuelve a casa; ahí estarás segura", "te estás quedando sin dinero; ¿qué harás ahora?". Esas voces que en algún momento de nuestras vidas se han forjado; han llegado a crecer y a encadenarse fuertemente, como eslabones de una cadena, hasta llegar a encadenarnos por completo, evitándonos movernos siquiera.

Es increíble cómo podemos convertir y materializar la sumatoria de nuestras malas experiencias pasadas, como un fantasma que nos acosa, nos rodea y no nos deja vivir libres y plenos. Es más increíble aún cómo el simple hecho de tan sólo tomar la firme decisión de liberarnos de ellos, como por arte de magia desaparecerán y se irán, talvez para no volver. Es como chasquear los dedos y ver cómo instantáneamente se evaporan en el aire hasta convertirse en nada.

Eternamente me pregunto porqué la gran mayoría, si es que no somos todos, nacemos, vivimos y morimos con los mismos sentimientos en común. Y finalmente terminamos por aceptar como infalibles leyes a las mismas antiguas enseñanzas; terminamos por adueñarnos de ellas, adoptando la misma forma antigua de vivir, de pensar, y hasta de ser y actuar, tal y como lo hacen los demás. ¿Por qué se da y se enseña a los sucesores lo mismo que se ha dado y se ha enseñado a uno en el pasado? Y por si fuera poco ¿Por qué se sigue actualmente transmitiendo las mismas cosas de generación en generación? ¿Por qué hasta ahora no nos damos cuenta y decidimos dejar el pasado atrás y simplemente empezar a pensar por nosotros mismos? ¿Es que algo nos está ocurriendo y no nos estamos dando cuenta? Si el universo y todo lo que lo conforma crece y evoluciona día tras día ¿No se supone que lo haríamos nosotros de manera idéntica? Lo más gracioso de todo esto es que transmitiendo un solo tipo de enseñanza generalizada y generacional, al final ésta llega a convertirse en una ley inmodificable de vida. La parte irónica del asunto es que aquellos que en el fondo desean algo diferente y algo mejor para sí mismos, llegan a ser condenados por la misma sociedad, siendo tachados de locos y rebeldes, como si el simple hecho de ser y de anhelar ser diferentes fuera inaceptable, y por ende penalizado por el común de las sociedades. En un determinado momento de la evolución de la vida en general y en un determinado momento de nuestras vidas, cada ser humano puede llegar a dar un golpe a la monotonía y romper esa herencia de inmutables leyes que nos han llegado a marcar y a anular como seres humanos nacidos libres. Ahora más que nunca, yo sé que cada ser humano puede explorarse, experimentarse, crearse, y recrearse de la manera que más le convenga a uno, tener nuevas y mejores experiencias, conocerse y poder ver lo que realmente hay y lo que habita dentro de uno mismo, dentro de todos y cada uno de nosotros.

Estoy segura de que algún día, después de tanto buscar y rebuscar respuestas, al fin las encontraremos—y posiblemente encontremos aún más de lo que esperábamos y podríamos alguna vez imaginar.

§§§

Al observar y al sentir la calidez de este maravilloso sol, no puedo evitar recordar a Dante, recordar sus palabras y recordar sus enseñanzas. Lo cierto es que en realidad nunca antes alguien pudo llegar a enseñarme tantas cosas juntas, nadie pudo mostrarme el significado de la vida de una manera tan peculiar e interesante, ni mostrarme tanta magnificencia, y sobre todo, nadie pudo mostrarme las cosas de una manera tan clara y hablarme con tanta veracidad y claridad como lo hizo él.

Sin duda alguna, Dante es no sólo un buen ser humano, si no que es un gran ser humano, quien posee la mejor de las virtudes que un ser puede llegar a anhelar, la gran virtud de la "libertad"—aquella libertad de ser, de elegir y de decidir por uno mismo el camino que uno en el fondo desea recorrer.

Es inspirador el hecho de haber conocido a ese gran personaje, quien ha llegado a convertirse en un gran ser que rompió los parámetros externos y las cadenas de las leyes heredadas e impuestas que actualmente conocemos como "la vida es así y punto final".

Si hubiera más personas como Dante en este mundo, ¿cómo sería éste? Probablemente un mundo sin cadenas ni grilletes, probablemente un mundo libre en su totalidad.

Me agradan muchas características de aquel personaje, sobre todo la de tomar conciencia de nuestra propia existencia y la posibilidad de poder pensar por nosotros mismos sin tener que terminar ahogados en las turbias corrientes de voces externas de impotencia e imposibilidad, sin tener que divagar ni vacilar, tal como lo hacen las tantas burbujas humanas que flotan en este mundo, recargadas de gotas excedentes e innecesarias, burbujas que se elevan pegadas a otras burbujas, quienes ganan en peso y en volumen, pero pierden en elevación, perjudicándose entre ellas hasta finalmente explotar.

El gran e importante hecho de haber venido hacia este lugar y haber encontrado una pista para encontrar el camino hacia algo, algo que pueda responder a las tantas preguntas formuladas y aparentemente sin respuestas hasta ahora, ese algo que talvez sea lo más parecido a una verdad oculta en algún lado, ha llegado a ser una de las mejores cosas que pudieron haberme pasado hasta ahora. Y hasta ahora solamente alguien como Dante pudo ser capaz de proporcionarme un poco de aquello que andaba yo desesperadamente buscando a costa de fracasos por mucho tiempo: una pista, un comienzo, o tan sólo una simple respuesta que me pueda hacer reaccionar y abrir los ojos, combatiendo a la ceguera de vida que he sabido tener.

Es notable que todo gran descubrimiento de algo, de lo que fuera, de cualquier cosa, desde lo más simple hasta lo más relevante, haya empezado en compañía de una simple duda y a partir de una simple pregunta. Y así es como buscando, discerniendo, y sintetizando, se ha llegado a terminar con las mejores respuestas y con los mejores hallazgos posibles.

Aún tengo la duda y talvez muchas más preguntas sin respuestas concretas, o al menos sin respuestas finales y certeras. Sé bien que a pesar de haber llegado lejos y haberme encontrado con fracciones de verdad, aún me falta mucho más por recorrer. Siento que recién he iniciado en la carrera más importante de mi vida, la carrera en búsqueda de la liberación y de la verdad que me espera oculta en algún lugar. Soy consciente de que mientras uno más recorre el mundo y sus sorprendentes alrededores, más pronto termina por darse cuenta de que aún no conoce nada de nada en lo absoluto, por el hecho de que aún hay más, mucho más por conocer, mucho más por recorrer, mucho más por hacer, mucho más por descubrir. Creo que la aventura y el deseo de descubrimiento es la esencia misma por la cual han sido tejidas nuestras almas. Es como si todos nosotros fuésemos exploradores por naturaleza, y creo que nunca ni un instante dejaremos de sorprendernos y maravillarnos de las cosas que existen en nuestro alrededor.

Pero entonces nuevamente, no comprendo la verdadera razón de ser. Una vez más me pregunto: ¿Por qué seguimos siendo esclavos de las circunstancias? ¿Por qué nos dejamos atrapar tan fácilmente por éstas? Si bien, de alguna manera tenemos conciencia de que todo aquello cuanto vivimos y aprendimos en sociedad, en realidad no es vida como tal sino simplemente un estilo de vida, una tendencia de vida, una bochornosa tendencia que honestamente no creo que estemos eternamente destinados a dejarnos enredar por sus garras.

Yo desearía de una vez por todas poder llegar a descubrir el porqué del peculiar estilo de la vida que hasta ahora conocemos, especialmente por qué razón ésta no ha sido hasta ahora otra cosa más que una manipulación humana. Si hubiese algún fin que ha conducido a ello, ¿cuál sería ese fin? ¿Por qué razón alguien crearía y nos inculcaría creencias, tradiciones y leyes tan fuertemente inquebrantables? Para sumergirnos en algún tipo de ignorancia talvez, y si es así ¿Hay alguien detrás de todo esto que mueve los hilos de las cosas y de las circunstancias?

§§§

Retirarse del bullicio y del ruido de la ciudad, del caos, y de los problemas sociales humanos es el equivalente a retirarse de vacaciones. Yo continúo disfrutando de estos días de retiro, observando las noches y contemplando la maravilla de cielo que poseemos encima de nosotros, pero lo más curioso es que a pesar de estar totalmente sola y en un lugar en el que nunca antes he estado, jamás he llegado a sentirme tan bien acompañada y protegida por la mejor de las compañías que ha llegado a ser la mía misma.

Por primera vez, siento que puedo llegar a detectar con mayor claridad a lo que realmente existe. Siento que hay algo que reside dentro de cada uno de nosotros, algo tan grande y tan maravilloso que con simples palabras no podríamos expresarlo ni explicarlo, algo que nos protege, algo que nos conforta y nos envuelve en un manto de esperanza y nos acompaña hasta el último día de nuestras vidas—y ¿quién sabe? Algo que quizá va con nosotros al más allá, cruzando el puente de la vida con nosotros, tomándonos de la mano y guiándonos.

Ahora me doy cuenta de que la vida es el equivalente a una cajita de sorpresas y de situaciones. Un día te encuentras en una cómoda y blanda cama bajo el techo de un hogar, y al otro día, sin siquiera figurártelo, te encuentras tendido en el suelo dentro de una no tan cómoda bolsa de dormir bajo el inmensurable techo del firmamento.

Nunca pensé que podría yo alguna vez estar durmiendo en el suelo, bajo los árboles, pasando noches frías totalmente sola, caminando sin rumbo más que el que dirige la propia intuición, dejando totalmente de extrañar mi hogar, mi cama blanda, y las comodidades de una casa. Siento que ahora no existe cosa mejor que esta experiencia. He llegado a sentir confort en las cosas menos imaginadas que se encuentran esparcidas en la naturaleza, tomándolas como colchones y asientos. Es increíble, pero cuando una vez esto ocurre, el resto ya no es necesario; las demás cosas ya no importan.

Jamás pensé que un contacto directo con la naturaleza fuera a ser tan cómodo y tan placentero. En muchos casos, el campo y la naturaleza han llegado a ser sinónimos de incomodidad, pero esta vez tal paradigma se ha roto totalmente.

§§§

Pasaron tres días y cuatro noches desde que dejé a Dante y proseguí con mi recorrido en busca de algo más. Las tres primeras noches fueron noches mágicas, iluminadas por la luna llena. La cuarta noche fue una noche oscura, fue una noche sin luna, una noche tenebrosa; ésta aparentaba ser una noche más fría aunque en realidad no lo era. A pesar de la total tiniebla en la que me encontraba, sentía que nada me importaba ahora, puesto que ahora soy consciente de que nada malo puede pasarme, nada que yo no desee o busque que me suceda. Esta vez aprendí a dominar mis miedos, y además soy absolutamente consciente de ello; también aprendí a alejar los malos recuerdos pasados de mi mente, y a contemplar y vivir el ahora y el presente. ¡Esta sensación es increíble! Se siente como la inmediata conversión hacia una nueva persona con una nueva vida.

Todo este tiempo en retiro de alguna manera ha terminado por convertirse en cierta forma en mi maestro personal, puesto que aprendí de él muchas cosas. Aprendí además algo muy importante: aprendí a convertirme en amiga del tiempo. Antes de esta experiencia, lo único que esperaba era que el tiempo pasara. Esperaba a que mañana llegara pronto, y rogaba por que fuera un mañana diferente. Ahora creo que no hay mejor tiempo que hoy, aquí, y ahora.

Es increíble a lo que nos reducimos y en lo que caemos cuando perdemos las esperanzas y la fe y terminamos protagonizando un rol creado por otros; nos perdemos en ello como si fuera parte de nosotros. Cuando nos identificamos con ese rol, llegamos a olvidarnos por completo de nosotros mismos y de quienes somos, dejándonos atrás para dar mayor importancia a las cosas cotidianas y superfluas que aparentemente en esta vida importan más. El mundo ha de estar loco y más loco cada día que pasa, gracias a los roles y a los actores que hay entre nosotros viviendo un montaje y un estilo de vida heredado o impuesto, tal que parece haber sido sacado de un pésimo guión, escrito por un pésimo y trastornado director de cine.

Esto es lo más irónico, pero empiezo a caer en cuenta de que para poder comprender y entender a las personas, tanto como a la humanidad, uno tiene que alejarse de todo ello lo mayor posible y observarlas de lejos, desde muy lejos.

§§§

Luego de pasar la noche más oscura y más fría que las anteriores noches, el día siguiente amaneció cálido. En cuanto pude sentir los primeros rayos del sol y pude abrir los ojos, quedé pasmada por lo que tenía ante mí.

Pude ver que ahí estaba él, esa presencia y esa silueta que tenía yo frente a mí. Sin duda sólo podían ser de una manera inconfundible de una sola persona, "Christian". Lo supe en cuanto lo vi; lo presentí, sin duda ése era Christian.

Él se acerca a mí y me llama por mi nombre en una manera que no comprendo. De antemano él ya sabe quién soy yo, de dónde vengo, y qué hago aquí. Me tiende la mano y me ayuda a levantarme del suelo, de mi cama, y nos vamos caminando hacia su "sagrada morada", al menos así llamaba él a su hogar.

Él se detiene por un instante, me mira tiernamente mientras sonríe. Con una voz muy dulce y pletórica de amabilidad, él me dice, *"Bienvenida, Marú"*.

Mientras nos dirigimos a su sagrada morada, no puedo contener mis sentimientos rebosantes de felicidad. Ahora sé claramente que existen inmensas cantidades de cosas maravillosas que suceden diariamente en esta vida. Una de ellas es que quien busca siempre encuentra. Ésa es una infalible ley. No existe duda alguna al respecto, y ahora estoy totalmente segura de ello. Es imposible no terminar encontrando en algún lugar aquello que se busca. Incluso se puede terminar encontrándolo en el lugar menos esperado e imaginado, pero para ello, como para todas las demás cosas, se tiene que sembrar grandes campos de paciencia y constancia, virtudes actualmente olvidadas en este estilo de vida adoptado.

Es sorprendente cómo de una u otra manera, nuestra búsqueda incesante de las cosas termina justo en el momento en que aquello que por tanto tiempo hemos buscado; la respuesta simplemente llega a nuestra casa y nos termina por tocar la puerta y decide entrar a visitarnos. Lo cierto es que la vida y todas las formas y cosas que la componen, simplemente son actos maravillosos, eternamente sorprendentes.

Nunca hubiera podido acertar en la edad de Christian, ni siquiera suponerla, ni aproximarme siquiera, si es que él en un principio no me hubiese dicho su edad: Setenta y seis años.

A pesar que él tenía setenta y seis, física y anímicamente parecía más a una persona de cuarenta o cincuenta años; aparentemente a Christian no pareciese haberle llegado la vejez. Él se veía muy bien conservado para su edad. Él tenía un cuerpo atlético, su rostro era terso, y con muy pocas arrugas. Aunque tenía algunas canas en el cabello, éste brillaba tal como lo hace un cabello joven y muy saludable.

Sus ojos, tal como los ojos de Dante, eran en cierta forma diferentes. Éstos brillaban de una forma diferente a los ojos de cualquier otro ser humano. Estos impactantes negros ojos, además denotaban mucha vida y alegría, entre otras cosas, además de dar una sensación de plena confianza y de paz total.

Se dice que los ojos son el reflejo del alma de las personas. Se dice además que por los ojos uno puede llegar a tener ciertas conexiones con las personas quienes nos rodean. Además, con tan sólo mirar a los ojos de las personas, podemos determinar el tipo de personas, y si son éstas buenas o malas.

Empiezo a pensar que los maestros, que los verdaderos maestros, todos ellos tienen ciertas cosas en común: la juventud en el cuerpo, la tranquilidad en la mente, el conocimiento, y la vitalidad reflejada en sus ojos.

Mientras caminábamos y nos dirigíamos hacia su sagrada morada, Christian empezaba a contarme cosas. Él me decía que el bienestar, la salud, y la vitalidad son parte de nuestra vida y de la creación como tal; que la vejez no es más que un estado mental; y que el estado de la vejez es como un veneno, que una vez ingerido, puede desgastar lentamente a uno, hasta llegar a matarlo.

Él me decía:

Así como la vida y todo aquello que la conforma, lo tangible e intangible que la rodea, debes saber, Marú, que la vejez tal como se la conoce no es más que una elección realizada por nosotros mismos.

Debes saber que cuando se llega a conocer la verdad de las cosas y se termina por dejar atrás el "engaño" al que hemos tomado por vida, uno por sí solo empieza a entrar en razón y a darse cuenta de que en verdad no puede llegar a envejecer; es casi imposible, al menos no de la manera en que lo hacen la mayoría de las personas. Debes saber que la vejez en sí llega a contener un cúmulo de variados sentimientos y acciones, además forma parte de una vida mal vivida a base de estrés, preocupaciones y carencias mundanas, entre otros factores. Debes entender que aquella idea de "engaño" no se asemeja siquiera a la realidad.

Puede sonar algo contradictorio a todo aquello que vemos y hasta ahora conocemos, pero lo cierto es que el cuerpo humano está fielmente construido para vivir incluso hasta más de ciento cuarenta años y en perfectas condiciones—¿puedes creerlo?

Es una terrible contradicción el hecho de que tengamos que envejecer, cuando en realidad tanto la naturaleza humana como la biología de nuestro cuerpo están en constante renovación y regeneración. Cuando una célula muere, inmediatamente otra acaba de nacer, y es así como nuestro cuerpo está compuesto por millones de células. Es así como siempre nacerán constantemente nuevas células que formarán parte de nuestro nuevo cuerpo, renovándolo constante y permanentemente.

Mientras lo escuchaba hablar, no hacía otra cosa que observar y escuchar atentamente a Christian. Podría inmediatamente haber tomado por loco y charlatán a aquel hombre; incluso podría decir que aquel personaje tiene en realidad menos edad, y se hace pasar por un anciano para convencer a las personas de algo. Pero en realidad no dudé ni de él ni de las cosas que él me comentaba. Además, alguna vez tuve la oportunidad de ver en un documental científico en la TV que reportaba que todas las células de todo tipo constantemente están en permanente regeneración, que todos los días las células viejas son desprendidas de nuestros cuerpos y todos los días al igual nacen nuevas células, algo que no pude captar ni claramente entender hasta ahora.

Pero, si este tipo de renovación celular naturalmente ocurre diariamente dentro de nuestros cuerpos, no puedo entender claramente el porqué del envejecimiento y de la aparición de arrugas en nuestros cuerpos, y por último la decrepitud a la que todos estamos condenados a padecer algún día, talvez lejano o talvez cercano.

Así que decido interrogar sobre aquello a Christian, y así poder en realidad entender a qué se refiere con tal cosa de la vitalidad prolongada.

"Dime, Christian, entonces ¿por qué existe vejez en nuestro mundo? ¿Por qué razón las personas envejecen? ¿Acaso no estamos en constante renovación celular? Yo he visto a gran cantidad de ancianos en las calles, en todo tipo de condiciones, y la mayoría totalmente decrépitos; muchos de ellos poseen tu edad pero lucen muy ancianos. ¿Por qué tú luces tan joven? ¿Hay algún secreto?"

Ningún secreto en absoluto, sino al contrario, la gente así lo quiso, Marú, y así lo ha aceptado. Debes saber que la gente ha decidido tomar cierto estilo de vida bastante común entre las personas, un estilo de vida tal y como viven o como vivieron sus antepasados. Además se tomaron todo esto muy en serio, como si en verdad fuera una realidad—o al menos como si fuera su realidad y su único y último recurso para poder realizar el acto de vivir.

Las personas se aferraron fuertemente al sufrimiento y a la preocupación, y por si fuera poco, ahora viven bajo el interminable y constantemente creciente estrés que es la principal causa de la frustración, lo que nos causa el querer obtener más, más y más cosas materiales, como si fuese lo único que en realidad importa, de esa manera dejaron de creer en sí mismos y en su capacidad real, para optar por vivir un estilo de vida ajeno, creado por los más ambiciosos de nuestros antepasados.

Debes tener en cuenta que el cuerpo humano no es otra cosa más que una fiel imagen del total funcionamiento de la mente y que cualquier cosa o cualquier tipo de mal que pueda aquejar a los seres humanos, ocurre por haber olvidado el poder interior de decisión que cada uno posee. Tal poder puede ser traducido como la fe que mueve montañas, y sólo se han sentado a vanamente esperar a que algo espontáneamente suceda y a que alguien más interceda por ellos. Día a día y por muchos años, se han dejado abatir por la creciente negatividad, y sólo se han puesto a esperar lo peor. Es increíble pero los humanos hoy en día están programados para ver y recibir lo peor. Pero ¿qué más podrían esperar si sólo se les ha enseñado a ver el lado oscuro, la tragedia de las cosas, y el lado malo de este mundo?

Cada órgano y cada parte de nuestro cuerpo está formado por células que están compuestas por partículas; debes saber, Marú, que de cada tres a siete años, el cuerpo humano renueva completamente todas sus células. Es así como cada cierto tiempo llegamos a poseer un nuevo cuerpo físico. Lo que causa que el cuerpo se deteriore no es otra cosa que la misma mente que se niega a renovar los pensamientos e ideas pasadas, sometiendo así al renovado cuerpo a una constante y destructiva tortura llamada "costumbre".

Nuestro cuerpo se regenera de manera constante, pero, el motivo principal de su deterioro es porque creemos que como simples seres humanos estamos inevitablemente obligados a deteriorarnos. Creyendo así, no hacemos más que continuar repitiendo la historia una y otra vez, llegando a nada más que a lo mismo de siempre, puesto que nuestra vida se desarrolla en una sociedad en la cual crecemos y diariamente nos comprometemos a vivir de acuerdo a cierta forma y de ahí tomamos muchas ideas acerca de la vida, a veces tales ideas son positivas y a veces no. Sabes, Marú, si al momento de despertar, pudiéramos llegar a olvidar lo que sucedió ayer y por ende lo que fue nuestro pasado, entonces nuestros cuerpos tendrían la mejor de las evoluciones, y créeme, no envejecerían ni se deteriorarían de la manera en que actualmente lo hacen.

Si en un momento dado decidiéramos optar por la idea de vivir cien años o más, saludables y en perfectas condiciones, créeme, Marú, cada una de las células en nuestros cuerpos felizmente estarían dispuestas a hacerlo—pero antes que nada tendríamos que dejar a un lado lo convencional y ser capaces de poder darnos a nosotros mismos ese chance; además tendríamos que cambiar nuestros antiguos y sólidos patrones y simplemente empezar creer que es posible hacerlo. El cuerpo es consciente de nuestros sentimientos y está conectado con nuestros deseos internos; de esa manera, cualquier sentimiento que provenga de nosotros será innegablemente manifestado externamente.

Cuando uno intensamente cree en cierto mal, entonces todas nuestras células permitirán que el cuerpo contraiga una enfermedad o mal. Contrariamente, si uno elige creer que el cuerpo es saludable, entonces todas las células de nuestro cuerpo funcionarán de acuerdo a nuestras peticiones, de esa manera uno no se enfermará ni decaerá tan fácilmente. Una cosa muy cierta es que en este mundo no existen las enfermedades físicas sin cura; al contrario, abundan personas con una mentalidad sin cura. Simplemente el permitir un constante cambio en cada momento de nuestras vidas resulta ser la única solución al gran caos mundano, en el que creemos estar eternamente estancados.

Hay ya bastante caos disperso y demasiada maldad estancada y acumulada en el mundo, como pilas de basura en un basurero, pero a pesar de ello, en un momento dado, la gente ha decidido amplificarla aún más, acumularla en dimensiones incontrolables, y ésa es la principal razón por la que han optado convertir a esta sociedad en una sociedad mala, pesimista, destructiva, y eternamente desconfiada. Es por eso que estoy aquí, y es por eso que además me encontraste aquí, en estos *lejanos bosques, alejado de todo ese barullo y toda la sociedad, la cual está infectada de maldad y pesimismo de pies a cabeza.*

De esta manera, Marú, sabrás que no sólo las innecesarias preocupaciones mundanas a las cuales nos sometemos día tras día son las causantes de las muertes y del envejecimiento prematuro, sino también, lo son los hábitos más comunes que han optado tener la gran mayoría de los seres humanos, quienes envenenan a diario su sistema, ingiriendo y bebiendo tóxicos, de los cuales son muy conscientes. A pesar de que conscientemente saben el daño que éstos provocan a las células del cuerpo, lo siguen haciendo de todas maneras, sin importar las devastadoras consecuencias; continúan envenenando día tras día su sistema respiratorio, respirando el aire que han decidido voluntariamente contaminar.

Muchos tienen impreso en la conciencia que necesitamos aire limpio y agua pura para poder vivir, que necesitamos a la naturaleza y a la vegetación de nuestro lado para que el mundo pueda plenamente vivir y sanamente desarrollarse, pero no han hecho otra cosa que conscientemente contaminar y matar a los bienes naturales que se nos han otorgado.

De esa manera, los seres humanos por decisión propia han terminado por envenenar total o parcialmente sus sistemas de diferentes e incontables formas, aún sabiendo que nada de eso es bueno para nadie, ni siquiera para ellos mismos.

No puedo imaginar cómo todo esto terminará, en qué se convertirá este mundo, qué camino va a seguir si la gran mayoría de sus habitantes son prácticamente seres suicidas—y al parecer el hecho de cambiar las cosas no les interesa en lo absoluto.

Todas las cosas están claramente explícitas e impresas en cada faceta de la naturaleza, la cual nos enseña muchas cosas, tales como la mayoría de los animales salvajes y los más agresivos son los que matan para alimentarse, ellos devoran la carne de otros animales. Pero además, el cuerpo de los animales goza de un intestino más corto que el cuerpo humano, y de esa manera, los animales pueden más fácilmente desecharla antes de que ésta se descomponga en el cuerpo.

Como un animal salvaje con sed de agresividad, los seres humanos han decidido matar, sin importar si ésta es razón para alimentarse o no; contrariamente, la naturaleza misma en su más grandiosa gloria nos ofrece todo cuanto podamos necesitar para nuestra diaria subsistencia. Entonces, es razonable preguntarnos: ¿Cómo se pretende tener una larga y buena vida, ser saludables y tener vitalidad si día tras día se ingiere muerte?

Paradójicamente, los seres humanos no hacen otra cosa que intoxicar su organismo ingiriendo a diario carne muerta. En otras palabras, ellos comen muerte. Contrariamente, deberían ingerir vida, proveniente de todos los frutos que la tierra diaria y alegremente nos ofrece, sin tener que asesinar a un árbol para poder comer de sus frutos. Ése es uno de los secretos del bienestar y de la juventud eterna: "Ingerir vida", en vez de ingerir diariamente dosis de alimentos muertos como lo hacemos.

Lo cierto, Marú, es que no hay necesidad de matar para alimentarse y subsistir. Eso de matar animales para ingerirlos lo hicieron los cavernícolas antepasados cuando tuvieron que vivir en las eras de hielo y en las eras de sequía, eras por las que alguna vez sufrió y fue azotado nuestro planeta; con esos extremos climáticos, no gozaban de las bondades que hoy nos provee la tierra diariamente. En estos tiempos, ya no hay razón para seguir comportándonos como cavernícolas, ahora vivimos en mejores tiempos que ellos, ¿no lo crees?

Aunque todo esto me llega a sonar un poco a una broma; tal como lo comenta Christian, pareciese una cosa demasiado fácil todo aquello de ingerir vida como un secreto de vitalidad y juventud. Pero viendo las cosas de una manera un poco más objetiva, empiezo a entender el funcionamiento de la constante regeneración de la que hablaba Christian. Ahora entiendo por qué los mejores productos regeneradores, e incluso ciertas pociones vitales, medicamentos, y tratamientos contra todo tipo de males, están realizados con el extracto de todo aquello que proporciona vida y proviene de la naturaleza.

Pero a pesar de ello, aún no logro entender por qué seguimos como estamos y por qué no podemos tomar la decisión de mejorar como seres humanos; no puedo comprender claramente por qué cuesta tanto poner un poco de orden a este mundo. ¿Será que en realidad somos seres suicidas? ¿Será que nos estamos llevando a nuestra propia destrucción y no lo sabemos? Sólo me queda cuestionar tales cosas a quien pueda saber más que yo en esos aspectos vitales que desconozco, y nadie mejor para ello que Christian.

Él termina por responderme:

Lo cierto, Marú, es que la gran mayoría de los humanos hemos perdido la voluntad y las ganas de vivir. Pero no somos del todo conscientes de ello, y además, hemos dejado por decisión propia que las cosas malas siempre encabecen, sobresalgan y lleguen a convertirse en un tema de mayor importancia, hemos dejado que crezcan y se multipliquen como enredaderas, cubriendo, invadiendo y opacando a todas las cosas buenas que puedan existir en esta vida.

Es triste el hecho de saber cómo vemos el mal y la injusticia en nuestro diario vivir y no somos capaces ni de denunciar ni de combatir; simplemente callamos, ignoramos, hacemos de cuenta que nada pasó. Seguimos ocupados en nuestros pueriles, irreales, e inútiles dramas presentes en nuestras vidas diarias.

Es de lo más frustrante el hecho de tener que ser partícipes y ver en nuestros presentes días a las mismas cosas que en el pasado han sido las principales causas de la decadencia para la humanidad. Ya tú sabes que los puntos más sobresalientes de las sociedades—la política, la religión, la economía y las inexorables leyes—en cierta forma no son más que el proyecto de alguien más con la finalidad de dominar el mundo, basándose en un sistema de temor y castigo, del cual no es cosa fácil escapar, tal como lo es una cárcel.

Podemos observar claramente en nuestro presente las mismas cosas que sucedieron en el pasado, los mismos sucesos que ya una vez nos han dejado en ruinas, y actuamos como si no tuviéramos la voluntad de cambiar las cosas para bien, pero sin importar cuan conscientes somos de nuestra actual situación, al parecer hemos decidido sentarnos, cruzar los brazos y ser observadores de las cosas que suceden, sin darnos cuenta de lo que esto pudiera acarrear al futuro.

Verás, Marú, durante muchos milenios, incluso en tiempos actuales, la gente ha podido ver claramente los intensos e incesantes clamores y peticiones de libertad por parte de los seres humanos. Durante siglos, todos aquellos quienes se supone que fueran los buenos legisladores de este mundo y en quienes hemos depositado toda nuestra fe para mejorarlo, tales como los representantes religiosos y lideres políticos, no han logrado cambiar la situación, ni externa ni interna, de las personas; además, han puesto mayor empeño en generar esclavitud y opresión que para otorgar libertad, sometiendo así a la entera humanidad a nada más que a su voluntad. Aunque esta voluntad no hubiera sido la mejor elección para el mundo entero, pero aún así, fuimos nosotros quienes dejamos por voluntad propia que esto pasara. De la misma manera, actualmente la humanidad, incapaz de actuar, no hace nada para evitar caer una vez más presas de la desesperación generada por ciertos regímenes o mandatos impuestos. Hasta que no nos manifestemos como plena humanidad, podremos seguir escuchando por siglos los eternos pero ignorados clamores humanos por libertad.

Pero el interminable clamor humano podrá seguir y seguir, tal como se ha visto antes y tal como se ve en la actualidad. Es innegable que una gran parte de los seres humanos viven inmersos en el rechazo total acerca del verdadero propósito humanidad, negando a todas las cosas malas que ocurren en nuestro mundo, negando no sólo a las injusticias que suceden a su alrededor, sino también a las fielmente observadas por sus propios ojos y a las provenientes de sus propias conclusiones, negando sus deseos, sus sentimientos y anhelos, principalmente su forma de ser y su propia verdad, la cual vive prisionera en una jaula que voluntariamente han decidido crear.

Tal como se dice, no existe más ciego que el que no quiere ver. Ya es tiempo de que los seres humanos abran los ojos y dejen de vivir engañados por sí mismos. Ya es tiempo de despertar de la tormentosa *pesadilla en la que han estado inmersos durante siglos ya es tiempo de darse cuenta que el único problema de el mundo es y siempre ha sido la carencia de amor, de importancia, de esperanza y de voluntad. Sólo el amor, la importancia, la esperanza y la voluntad pueden de una vez por todas cambiar las cosas para bien.*

Éstos no son sólo juicios personales, mi querida amiga Marú. Al contrario, son falacias que en verdad se observan dentro de las sociedades. Por eso, si anhelamos un nuevo y mejor mundo para todos nosotros, es menester que los nuevos representantes y líderes, tanto políticos y religiosos, así como las nuevas leyes, sean regidas basadas en la vida plena y natural como tal, regidas esta vez no por los mismos decadentes y ambiciosos seres tal como se ha visto hasta ahora, sino por quienes tengan la capacidad de comprender el genuino comportamiento del mundo y sean capaces de respetar las leyes de la vida y de la naturaleza, no por cualquiera que tan sólo quiera sacar una buena tajada y buen provecho del mundo y de las cosas que lo rodean a costa de los demás, tal como ha sucedido hasta ahora. Si en verdad queremos un gran cambio en nuestro mundo, tan sólo deberíamos abandonar nuestra pereza, y simplemente actuar.

Yo no hacía otra cosa que observar y escuchar atónita a cada una de sus palabras acerca de la vida y acerca de las cosas que hasta ahora desconocía. Finalmente le dije:

"Creo que ahora empiezo a entender con mayor claridad las cosas, Christian. Empiezo a entender que los humanos hemos tenido siempre a la más poderosa de las armas que ha existido en nuestras manos, que es la voluntad de vivir y sobre todo de decidir. Las mejores cosas de este mundo han sido hechas gracias a una simple decisión inicial, tal decisión que posee dentro de sí un gran poder y el más grande de todos los poderes—el poder de hacer que las cosas sucedan.

"Desafortunadamente no hemos sido capaces de utilizarlo en lo absoluto, ni de reconocerlo siquiera, y hemos dejado que las cosas sucedan al azar por mera voluntad propia; hemos dejado que la vida sea creada y comandada por otros. Hemos permitido que las defectuosas leyes mundanas se extiendan y se apoderen del mundo entero, contaminándolo y arruinándolo. Tal como ha sucedido hasta ahora y tal como hemos podido vivirlo y verlo día tras día con nuestros propios ojos.

"Siempre lo he sospechado, y creo que ahora lo comprendo con mayor razón, y lo cierto es que los humanos podemos más, podemos mucho más de lo que imaginamos y creemos hacer. Lo sé porque sólo en circunstancias extremas decidimos mostrar nuestro verdadero espíritu. Ese espíritu que es aún más fuerte de lo que podríamos alguna vez imaginar. Cuando nos ocurren circunstancias extremas, sólo entonces nos mostramos tal y como realmente somos; mostramos nuestra verdadera naturaleza, mostramos a nuestro ser superior quien siempre ha residido dentro de nosotros.

"Pero si hay algo que siempre me voy a cuestionar, es ¿por qué tenemos que esperar a que pase algo realmente extremo para recién darnos cuenta de ello y tomar la decisión de vivir? ¿Qué sería de este mundo y de la humanidad si empezáramos a actuar, a arreglar, y a reparar las cosas ahora?"

Lo cierto, Marú, es que en verdad no somos simples humanos limitados, como se nos ha enseñado a serlo. Somos más que eso. Somos más fuertes de lo que pensamos, y como tal, podemos llegar a hacer más de lo que imaginaríamos alguna vez. El universo es lo suficientemente grande como para que las limitaciones puedan habitar en él; debes saber que una limitación no es más que una barrera mental creada por nosotros mismos y transmitida al futuro de generación en generación. Lo cierto es que el universo, aunque parece algo tan complejo y desconocido ante nuestros ojos, es lo más simple y comprensible de lo que te podrías alguna vez imaginar.

La verdad es que si hoy en día la vida se muestra tan compleja, tan difícil, y tan dura para todos los humanos, sucede por el hecho de que todos y cada uno de nosotros estamos en plena y constante evolución, aunque muchos de nosotros no lo sabemos ni poseemos la más diminuta idea acerca de ello. Lo cierto es que suceden cosas de las cuales desconocemos la razón y la procedencia de su existencia. Verás, Marú, si retrocediéramos el tiempo al minuto cero y volviéramos a nuestros orígenes, veríamos que en un principio, hace muchísimo tiempo, incluso antes de la creación de las sociedades, la vida en sí misma y como tal era mucho más simple de lo que alguna vez un ser humano podría haber llegado a imaginar y a comprender.

Quienes hubiesen habitado en aquellas épocas iniciales, sabrían por simple comprensión y observación el verdadero significado y el verdadero sentido de la vida. Sabrían, en otras palabras la verdad absoluta, aquella verdad creadora que posee cada partícula que conforma al universo. La verdad del asunto es que a partir de un simple pensamiento y de un leve sentimiento pueden surgir, crecer, materializarse y forjarse las cosas hasta formar un gran y sólido universo.

Algo muy importante que debes saber, Marú, es que con la simple observación de los fenómenos de la naturaleza y de los diferentes ciclos de cada momento que posee la vida, se puede observar claramente que todo aquello que mueve a este gran universo, y a la vida misma, está gobernado por ciertas verdades naturales. Éstas no son más que leyes y principios naturales que son en todo sentido muy diferentes a las leyes políticas, a los principios, y a las verdades mundanas que actualmente y hasta ahora conocemos.

Todo aquello a lo que denominamos vida está regido por aquellas verdades actualmente olvidadas, que desde siempre han estado ahí desde nuestros orígenes. Es gracias a ellas que la vida como tal ha llegado a convertirse en la más maravillosa de todas las creaciones. Aunque actualmente la vida llega a parecer un acto insoportable y un martirio para muchísima gente, lo es así porque las desconocemos en su totalidad.

Christian prometió enseñarme y mostrarme la razón de todo aquello que permite que funcionen y se muevan todas las cosas, y la verdad de la vida como tal, verdad que por alguna razón no se nos ha permitido explorar y por ende la desconocemos, y aún en nuestros tiempos tal cosa nos parece un misterio o un tabú.

Christian me advirtió que no sólo podría demorar varios días en enseñarme, sino que aquello podría romper totalmente mis paradigmas y creencias que hasta ahora he almacenado y acumulado como grandes cerros a lo largo de mi vida. Sin embargo, tan poco se me ha enseñado y tan poco he aprendido de la vida, la verdad es que no tengo nada que perder.

La vacía y monótona vida que he tenido hasta ahora me ha llevado a tener un sentimiento de querer saber más, de querer descubrir más, y es por eso que estoy aquí ahora. Estoy en el lugar preciso y con la persona indicada para lograr tener un sentido más claro de la verdad, de aquella verdad oculta, aquella verdad de la cual hemos sido privados por mucho tiempo. Hemos sido vendados de ojos y hemos sido manipulados para actuar de cierta manera, como robots programados para hacer algo predefinido, sólo para terminar siendo cruelmente castigados al no cumplir ciertas normas y ciertos estrictos comportamientos, talvez ajenos a nuestra verdadera naturaleza.

Así fue como tomé la decisión de pasar los días que fueran necesarios con Christian. Me alimentaré de raíces, semillas y de frutos silvestres, tal como lo hace él a diario, tal como lo hace igualmente Dante, los cuales rebosados en una sartén no saben nada mal. Tendré la oportunidad de mi vida, la oportunidad de conversar con un maestro. Ya he conocido a bastantes personas muy ignorantes, y a unas más que otras, a lo largo de mi vida, así que el simple hecho de conversar con alguien como Christian sería el equivalente a un gran golpe a la ignorancia acumulada que he sabido tener. Será una gran experiencia, talvez la mejor de mi vida, puesto que en verdad la vida no es más que un cúmulo de decisiones que nos van a llevar a algún lado. Y hoy mi decisión ya está tomada; hoy soy todo oídos para escuchar todo aquello que Christian me quiera decir y enseñar de la vida.

Verás, Marú, todo, absolutamente todo, rige por ciertas verdades, leyes y principios que hacen que todas las cosas sucedan; tales que son el equivalente a un motor, por el cual todo funciona. Verás, éstas son muchísimas, y éstas van desde la formación de una diminuta célula, su expansión y evolución, hasta el misterio más grande, incomprensible y temido por la humanidad, aquello a lo que todos huimos en cierta manera, aunque con claridad no sabemos exactamente lo que es—la misteriosa muerte.

No se necesita ser un mago, ni un sabio para poder ver a todas estas verdades de la vida, puesto que están ahí y han estado ahí desde siempre por siglos tras siglos desde los orígenes. Lo único que se necesita para descubrirlas, y aunque los humanos andan muy ocupados con asuntos mundanos para hacerlo, es simplemente "observar". Habiéndolas ignorado totalmente todo este tiempo, no hemos hecho otra cosa que caer presas del interminable caos.

Te enseñaré algunas de las más importantes, y las demás tú tendrás que descubrirlas por ti misma; ése será el mejor regalo que puedas alguna vez recibir de la vida misma.

Conocer a estas verdades e interactuar con éstas nos permite no sólo el poder transformarnos a nosotros mismos, sino también a todo aquello que nos rodea. Los problemas actualmente existentes en la humanidad han aparecido gracias al quebrantamiento de alguna de estas verdades por las que el universo está gobernado. Es por esa razón que la humanidad ha terminado en sufrimiento: una simple razón, el desconocimiento hacia éstas.

Todos los problemas mundanos, aparentemente irresolubles, son creados por el hecho de no entender el cabal funcionamiento de la vida. Esta gran ignorancia lleva a la gente directamente a cometer errores una y otra vez, como piedras en nuestros caminos con las que tropezamos una y otra vez.

Debes saber, Marú, que regimos por muchas de estas verdades que posee naturalmente la vida; cada día nos es regalado gracias a ellas, están ahí aunque no seamos capaces de verlas.

En primer lugar, debes saber que en el universo todo es análogo entre sí. Esta analogía universal nos muestra claramente que todo es similar a todo; todo es lo mismo entre todas las cosas, pero en diferentes escalas.

Debes claramente saber que todos y cada uno de nosotros somos parte del gran universo, y en este gran universo todo se corresponde entre sí, de este modo cuando se logre entender todos los fenómenos que ocurren en el mundo material, sólo entonces se podrá entender todo aquello que sucede en el mundo espiritual. Cuando se logre ver el funcionamiento del maravilloso cuerpo humano y la función de cada una de las diminutas células que lo componen, podremos conocer el funcionamiento total del universo y de todos los elementos por los que éste está compuesto, porque todos nosotros y todo aquello que nos rodea está hecho exactamente de lo mismo.

Verás, el hecho de estudiar una pequeña parte de lo que sucede dentro del todo nos permitiría comprender lo sucede con el resto. Esto se debe a que todo está compuesto de lo mismo, en cierta manera todo es lo mismo, pero en diferentes escalas.

Muchos científicos han descubierto, tomando muestras ya sea de la luna o de otros planetas y astros fuera de nuestro sistema, que la composición de éstos es exactamente la misma que se encuentra dispersa en toda la naturaleza, en la materia, en la vegetación, en los animales y en los seres vivos. Este hecho nos muestra claramente que tanto la Tierra como los demás planetas, como todas las cosas presentes en este gran universo, en ciertas proporciones, están compuestas por los mismos materiales, por los cuales todo aquello que todos y cada uno de nosotros estamos compuestos, conocemos, y nos rodeamos.

Podemos ver claramente un ejemplo tomado de la vida misma y de la interacción de las personas en las sociedades. Podemos ver que todo aquello cuanto acontece alrededor de una persona es el mero reflejo de todo aquello cuanto ocurre en su interior, y así como las sociedades no son más que un reflejo de los habitantes que viven en ella, por esa razón no existen ni países buenos ni países malos como tal. Al contrario, lo que los hace conflictivos o paradisíacos no es más que la calidad de gente que los habitan, lo que hace a una persona buena o mala como tal son los sentimientos y las intenciones que internamente habitan dentro de cada uno. Es un hecho el considerar a la situación actual personal como un espejo que refleja el estado interno de uno mismo, tal como interno y externo son análogos entre sí.

De manera que existe una analogía entre nuestras vivencias externas y entre todo aquello que llevamos por dentro, y que en realidad no somos más que el mero reflejo de nuestros propios estados internos. De esa manera, si actualmente vivimos en un mundo caótico lleno de problemas personales, económicos, sociales, morales y de toda clase, si vivimos en un mundo carente de amor, rebosante de sufrimiento y enfermedad, entonces innegablemente habremos fracasado como humanidad; aunque irónicamente todo eso sea debido a que en nuestro interior hayan habitado ciertas ideas o pautas negativas las cuales poco a poco nos han llevado a decidir lo que actualmente y lo que día a día vivimos, de ese modo, hemos terminado viviendo de una manera negativa y destructiva.

Muchos piensan que todo lo que sucede es una situación meramente responsable de el azar, pero ¿cómo es posible sentir, incluso imaginar, que somos ajenos al mundo, cuando en realidad somos parte de él y al mismo tiempo el mundo es parte de nosotros? Verás, Marú, esta situación es bastante triste, es triste pero cierta, y sucede que hasta ahora muchos humanos no han aprendido la lección de que si laceramos y hacemos daño a nuestro mundo, como se lo ha estado haciendo por muchos siglos, inclusive en estos días, terminaremos por dañarnos a nosotros mismos y sufriremos las consecuencias por nuestros caprichosos y egoístas actos.

Lo cierto es que somos más parecidos al mundo exterior de lo que podríamos imaginar. La gran verdad reside en que nuestra naturaleza es análoga al universo, siempre en expansión. Es análoga a los árboles y flores, siempre creciendo, floreciendo y dando frutos. El hecho de vivir en decadencia, como actualmente se ve en muchos humanos, no es más que el reflejo de una errada y mal enfocada percepción interna.

Detrás de todo lo que sucede día a día, hora tras hora, y minuto a minuto de nuestras existencias reside otra gran verdad, por la cual todo funciona como maravillosamente lo hace: la constante evolución de todas las cosas.

En el gran universo del cual formamos parte, no existe nada en absoluto sin movimiento, estático o completamente estable. Cada partícula que conforma a cada parte de este universo se encuentra en un continuo movimiento y en un continuo y constante cambio, mejor conocido como evolución. De esa manera, cada pequeña partícula de este universo termina por transformarse en algo diferente, en algo siempre mejor, constantemente evolucionando en nuevas formas de existencia.

La vida misma, la esencia natural de la vida, de las cosas, y de las situaciones, nos impulsa a vivir de una mejor manera, siempre buscando mejores cosas y oportunidades para crecer constantemente y movilizarnos por diferentes caminos. Es por eso que los problemas de toda clase emergen cuando permanecemos sin movimiento, estáticos, y en la misma posición por demasiado tiempo.

De acuerdo con esto, debemos estar siempre alertas ante cualquier cambio en la vida. Es una terrible ironía el hecho de que poseamos un gran temor inculcado hacia cualquier tipo de cambio, sobre todo, por los cambios buenos; es hora de que abramos los ojos y nos demos cuenta de que sólo los cambios son los únicos responsables de que las cosas mejoren para bien. ¿Por qué aferrarse a lo actual? ¿Por qué aferrarse a cierto lugar, a cierta gente, a cierto trabajo, o a cualquier objeto material que hoy aparente darnos seguridad? Actuando así, las probabilidades son que tarde o temprano, uno termine sufriendo y desperdiciando una gran oportunidad que alguna vez se tuvo llamada vida.

De la misma manera, sucede que en este universo. No existe nada en absoluto que se encuentre en un estado totalmente inmóvil. Incluso cada célula de nuestros cuerpos eventualmente es renovada y se convierte en una nueva célula. Ni siquiera el clima ni los días son iguales; un día jamás será igual a otro, así como no existe manera absoluta de repetir el pasado—tal cosa iría en contra de las leyes evolutivas de la vida. Una semilla no siempre será semilla; tarde o temprano le tocará cambiar y se transformará en una hermosa flor. Es paradójico que nosotros los humanos con nuestras precarias actitudes e ideas nos neguemos a evolucionar, a cambiar, y a crecer, cuando eso es algo que está impreso en cada parte de nuestra humanidad y desarrollo como seres humanos.

Es triste saber que muchas personas tienen que pasar por situaciones traumáticas para finalmente darse cuenta del valor y del gran significado de sus vidas y por primera vez tomar la decisión de empezar a cambiar y sobretodo de vivir. Es por eso que el primer y gran paso que debe dar la humanidad entera es empezar por aceptar los cambios, pero los cambios de una manera permanente y constante. Cualquier resistencia a cambiar se origina directamente en la debilidad de la mentalidad humana. Es simplemente el cúmulo de ciertas imágenes y vivencias pasadas las que hoy en día generan ciertos dramas e histerias personales. Muchas personas esperan a que algo repentinamente suceda, que el mundo cambie de repente, o esperan a que los demás cambien, pero esto con frecuencia no sucede. Lo cierto es que no se puede cambiar a los demás ni al mundo en tan sólo un instante; es más fácil y posible cambiarse a uno mismo—este llega a ser el mejor aporte para el inicio de cualquier cambio en este mundo. Cualquier cambio va siempre tomado de la mano con la evolución. Lo cierto es que quien se niegue a cambiar estará dándole la espalda a la evolución.

Hemos pasado demasiado tiempo sumidos en ignorancia y viviendo en los extremos, cuando lo único de debimos haber hecho fue simplemente observar aquellos extremos desde lejos para poder darnos cuenta de que los extremos que una vez conocimos son tan sólo complementos entre ellos.

Es así como sale a flote esta gran verdad: los opuestos son siempre complementarios. A través de ella podemos ver que todo aquello que consideramos opuestos antagónicos son en realidad la misma cosa; provienen de la misma naturaleza, simplemente se encuentran en diferentes grados y escalas.

Muchos de nosotros pasamos gran parte de nuestras vidas separando y discriminando a todo y a todos. Lo hacemos inclusive en estos tiempos, tal como separamos: blanco/negro, hombre/mujer, calor/ frío, Norte/Sur, arriba/abajo, bueno/malo, amor/odio, Dios/demonio, entre otros. En realidad, venimos a este mundo para poder ser capaces de ver el balance entre los distintos polos y extremos, así aprender a vivir justo en el medio de tales extremos.

Sólo los seres humanos nos hemos esforzado para oponer y antagonizar las cosas. ¿Crees tú, Marú, que podemos acaso determinar a ciencia cierta dónde empieza el frío y dónde empieza el calor? La verdad es que tal frío no existe en la naturaleza como tal; el frío es simplemente la ausencia de calor. No existe tal diferencia entre el frío y el calor de una manera absoluta; ambos pertenecen a una misma cosa, y la única diferencia presente entre ellos es la intensidad en la que se están manifestando. Entre los opuestos blanco y negro, ¿crees tú que realmente hay alguna diferencia? No, no hay tal diferencia. Tanto el blanco como el negro son la mezcla total de los colores: el color blanco es el reflejo de todos los colores juntos sometidos a las emisiones de la luz solar, y el color negro es exactamente lo mismo, pero sin la presencia de la emisión de la luz solar. El día no es en nada diferente a lo que la noche es; tanto el día y la noche son lo mismo. La noche es simplemente el día sin la presencia del sol, así como el día es la noche sin luna.

Debemos aprender a neutralizar a los polos opuestos: para poder así encontrar la verdadera unidad que reside en todo. Las diferencias que a simple vista percibimos entre los polos aparentemente opuestos no son algo real. Lo que en verdad existe, en esencia, es la unidad total presente en todas y cada una de las cosas existentes.

Es gracioso oír cómo incluso aún en nuestros tiempos la gente aún habla de ir al cielo o ir al infierno como si en verdad fueran situaciones reales. Una vez que el hombre ha podido salir de la atmósfera y ha logrado ver la Tierra desde el espacio, se ha dado cuenta que tanto el cielo como el infierno sólo existen en un estado de percepción, ya que nuestro planeta en el espacio no tiene extremos, no tiene ni arriba ni *abajo. Por la gravedad y la rotación del planeta, podemos claramente darnos cuenta de que no estamos ni arriba ni abajo; simplemente estamos. Tal asunto de cielo e infierno fue aceptado solamente cuando el hombre creía a tontas y a ciegas que la Tierra era plana.*

Si queremos vivir y habitar en un estado de total paz y de total armonía, es nuestro deber aprender a encontrar la unidad en todo lo que nos rodea. De la misma forma, cuando sentimos frío, buscamos el calor; cuando estamos en plena oscuridad, buscamos siempre la luz; cuando el odio esté presente en nosotros o en nuestro ambiente, debiéramos suavizarlo con un sentimiento de amor. La verdadera naturaleza de nuestro universo, de nuestro mundo, y de cada ser viviente pertenece a un estado perfecto, a un estado neutro, sin malicia, sin guerras, sin sufrimiento, sin pobreza, sin problemas de cualquier índole. Si todos fuéramos capaces de poder ver las cosas de una manera comprensiva y objetiva, instantáneamente determinaríamos que nuestros grandes problemas pueden ser reducidos a un simple y llano problema, el problema que ha afectado y envenenado nuestras mentes por muchísimos años y nos ha mantenido cubiertos bajo un pesado y espeso manto de ignorancia. Tal problema llega a ser la percepción. Nuestro gran problema es la manera de percibir las cosas. La principal razón de este problema es que percibimos siempre dos extremos antagónicos en todo nuestro alrededor, y en este estado de percepción, lo único que hacemos es experimentar la separación, un fenómeno destructivo que no es real, no tiene cabida en la realidad, no existe en la vida. Hasta que no seamos capaces de detectar la unidad en todo lo que nos rodea, no llegaremos a encontrar jamás la tan anhelada paz, armonía, y felicidad; entonces seguiremos viviendo ofuscados, confundidos y ciegos ante la maravillosa vida que poseemos, tal y como lo hemos estado haciendo hasta ahora.

Si existe algo que todos nosotros desde siempre hemos debido saber, es que todos somos parte de lo mismo. Si analizáramos desde un principio a todo aquello que ha llevado al mundo al caos, caeríamos en cuenta de que los grandes problemas del mundo están generados todos por las ideas separatistas que residen en la percepción humana, las diferencias de géneros, diferencias raciales, diferencias entre culturas, diferencias entre economías, y entre otras miles de ideas erróneas. Esto no es más que un problema de percepción mal enfocada, que no lleva a otra cosa más que a la auto destrucción humana.

Cuando seamos capaces de percibir la unidad en todo y en todos, la mayoría de los problemas que aquejan al mundo desaparecerán de una manera definitiva. Como tú ya lo sabrás, para poder cambiar las cosas a mejores, es necesario cambiar nuestra vieja y errada percepción del mundo, eliminando de nuestras mentes a la idea de separación y antagonismo. Debemos tratar día a día y momento a momento de neutralizar los opuestos, de esa manera pacientemente aprenderemos a encontrar el punto medio y el equilibrio presente en todas las cosas. Lo cierto es que cada uno de nosotros siempre hemos tenido la capacidad y el poder de decisión para poder situarnos en el punto medio y poder vivir una vida plena y libre de ataduras. De lo único que hemos carecido es de la voluntad y la paciencia necesarias para poder dar el primer paso y empezar a hacer aquello que siempre debimos hacer: cambiar nuestra errada percepción hacia las cosas.

Existen otras grandes verdades que han permanecido escondidas en algún lugar desconocido a lo largo de nuestras vidas, grandes verdades que se traducen en leyes y principios inmutables y perennes por los cuales la esencia de la vida continua fluyendo hasta por el más olvidado rincón. Una de ellas es la naturaleza del comportamiento cíclico, mediante la cual podemos ser enseñados de que todo en este universo asciende y desciende, todo tiene un avance y un retroceso, todo ciclo es el mero proceso de compensación dentro de un todo.

En el universo, todo tiene un movimiento cíclico. Todos los planetas y satélites giran y se mueven a través de un orden cíclico. Nuestro planeta Tierra también tiene su propio ciclo. Este se mueve en su órbita alrededor del Sol, siempre rotando sobre su propio eje. La luna también posee sus propios ciclos: los movimientos lunares, los cuales influyen en la Tierra en ciertas fases de ciclos crecientes y decrecientes. Incluso todas las cosas que existen dentro de nuestro planeta poseen ciertos ciclos, los seres humanos poseen sus propios ciclos también.

La naturaleza en todo su esplendor nos muestra cada día el movimiento cíclico: el día, la noche, las estaciones, el cambiante clima, entre otros. Nuestros cuerpos responden igualmente a ciertos ciclos, tales como los latidos de nuestros corazones, nuestros periodos de alegría y tristeza, entre otros.

Es así como la vida misma tiene ciertos movimientos, fases, y ciclos que se encuentran desde el proceso de nacimiento, crecimiento, y en nuestro desarrollo hasta la muerte, repitiéndose incesantemente en todo y en cada momento, así como las flores mueren para volver a vivir un nuevo ciclo a través de sus semillas, enseñándonos que nada tiene fin, que todo cumple un cierto ciclo, y que éste ciclo está dentro de otro ciclo, y éste dentro de otro, y así infinitamente.

El movimiento cíclico nos muestra que nada en esta vida es permanente, todo empieza y todo termina, para luego empezar de nuevo, el movimiento cíclico además nos advierte que los momentos de nuestra vida ya sean buenos o malos no son permanentes, los momentos de felicidad y de tristeza no durarán para siempre, nuestra gran tristeza eventualmente se convertirá en nuestra mayor alegría. Mucha gente tiende a estancarse y a posicionar sus ciclos en los extremos negativos: pobreza, sufrimiento, soledad, enfermedad, entre otros. Es menester que cuando una persona esté situada en el lado extremo de sufrimiento o tristeza, inmediatamente debiera saber que en algún punto su vida cambiará al próximo ciclo de la vida y se situará en el ciclo de la felicidad.

Verás, Marú, la naturaleza de las flores nos muestra su ciclo. Así como lo es el ciclo de las flores, lo es el ciclo de todo y de todos, sólo que en diferentes escalas. Verás claramente que nada termina, que nada muere, de alguna manera nos hicieron creer que la muerte es el fin; esta invención ha causado ya bastante daño y sentimiento de apego y desesperación a la humanidad. Lo cierto es que la muerte tal como la percibimos no es más que el fin de un ciclo, para el inicio de un nuevo, más evolucionado y mejor ciclo. El día en que la humanidad logre comprender esto, ese día se habrá dado un enorme paso en nuestra evolución como raza, como civilización, como planeta, y como todo.

Ni nosotros, ni siquiera este mundo podría existir de la manera en que lo hace sin la existencia de otra inmutable verdad llamada "generación", la cual nos enseña que en cada partícula de vida, toda la creación tiene principios por los cuales todo funciona: el masculino y el femenino.

La generación se aplica en todos los niveles, es un principio fundamental con respecto a las dos energías innegablemente presentes en toda la creación, la energía masculina y la energía femenina. Todos nosotros creemos que sólo somos seres masculinos y femeninos, pero la realidad es otra, sin importar nuestro género, todos estamos compuestos de energías masculinas y femeninas con la finalidad de obtener un balance natural y un equilibrio personal. Para que exista la electricidad, las energías de dos polos han de juntarse. De la misma manera, para que nosotros seamos capaces de crear, debemos balancear apropiadamente nuestras energías tanto masculinas como femeninas, de la misma manera esto ocurre en la concepción de la vida.

Aunque parezca difícil de creer, todos y cada uno de los seres humanos tenemos un lado femenino y un lado masculino. De acuerdo a ciertos ciclos de nuestras vidas, estamos más conectados con un lado, y luego pasamos a estar en sintonía con el otro lado. Es por eso que algunos días no podemos evitar sentirnos sensitivos, suaves, rudos, o valientes, entre otros sentimientos que pertenecen al lado femenino o al lado masculino de nuestra existencia.

Las grandes verdades y la sabiduría de todas las cosas han estado siempre presentes en la vida, pero muy a menudo no son de nuestro interés por el hecho de que a simple vista parecen demasiado simples. Si tan sólo las personas pudieran prestar un poco más de atención, si tan sólo pudieran escucharse a sí mismos y seguir los dictados que provienen *de nuestro interior, cada uno con certeza podría determinar en cada momento de sus vidas qué es lo mejor para ellos y qué deberían hacer para constantemente mejorar y crecer en cada ciclo de su existencia.*

Debes entender que el conocimiento es un gran instrumento que ha estado y estará siempre a nuestro total y pleno alcance. Lo único que tenemos que hacer es buscarlo.

Podríamos llegar a comprenderlo todo con el simple hecho de conocer y comprender a la posiblemente más importante de las verdades la cual nos dice que todo puede ser creado, ésta nos enseña diariamente cuanto nos rodea y todo aquello cuanto podamos percibir como materia, o como energía, ha estado y estará allí en algún lugar del universo por siempre, sólo percibiremos el cambiar de forma y el evolucionar de ello. En el universo, existe una gran mente, y todo lo que existe ha sido una vez creado por ella. Todos nosotros estamos inmersos en esta gran mente, además estamos conectados con ella, lo cual explica cómo los humanos tienen la capacidad de transmitir pensamientos, tener capacidad extra sensorial, e incluso tener premoniciones acerca del futuro. Se dice que todos los seres fueron creados a imagen y semejanza del creador. De la misma manera, los seres humanos pueden igualmente crear, los humanos son igualmente creadores. Cual fuera la creación, ésta siempre iniciará dentro de la mente del creador.

Todo aquello que compone al universo y cada una de las cosas dentro de él han surgido a partir de un pensamiento; es por ello que para algunos humanos, la vida es un acto maravilloso y lleno de oportunidades, pero para otros, la vida misma no es más que un castigo. La manera en que las personas ven la vida depende de la propia mente de uno, de su propia forma de ver y percibir el mundo, percepciones que son usualmente heredadas o tomadas de alguien más. Debes saber, Marú, que no existe nada aleatorio ni fortuito en esta vida; todo lo que ocurre ante nuestros ojos no es más que un reflejo de nuestras más profundas manifestaciones internas. Tal como todos somos parte de una creación proveniente de una gran mente, nuestra mente es una mente creadora para todo aquello a nuestro alrededor.

Dentro de esta verdad, dentro de la capacidad de creación, reside una verdad particular. Verás, Marú, que todos poseemos voluntad y poder de decisión, una majestuosa verdad llamada libre albedrío—una verdad inherente en cada ser humano de elegir los propios pensamientos y rechazar los impuestos o heredados.

De acuerdo con nuestro libre albedrío, podremos elegir cosas buenas o malas, libertad u opresión, aventura o monotonía.

Nuestra libertad de elegir lo que queremos vivir y experimentar, definirá aquello que voluntariamente elijamos depositar en nuestras mentes, y desde allí comenzará a manifestarse en el mundo. Así, podremos elegir lo que queramos ser. Lo cierto es que, aunque parezca un chiste, todo lo que ocurre, ya sea bueno o malo, lo estamos eligiendo de alguna manera ya sea consciente o inconscientemente. Ahora, Marú, ya sabes cómo nuestro increíble universo funciona, creando todo lo que elegimos creer y crear, aunque muchas de nuestras actuales creencias se han formado a través del tiempo basadas en influencias externas, muchas veces tales influencias son influencias familiares, religiosas, sociales, por la manera en que hemos sido criados y educados, entre otras. Es por eso que muchas de nuestras ideas, comportamientos, y creencias, ni siquiera provienen de nosotros, pero han sido impuestas, o heredadas, o tomadas de algún lugar a lo largo de nuestras vidas.

Debes saber también que cada idea, comportamiento, o creencia que se ha plantado en nuestra mente como una realidad puede con facilidad removerse o sustituirse. Así como la materia no puede destruirse, sólo transformarse, todos nosotros tenemos la habilidad de crear nuevas oportunidades a nuestro alrededor con tan sólo aceptar nuevas ideas, aprender nuevas cosas, de esa manera, dejando atrás a todo pensamiento heredado que es ajeno a nuestra capacidad de creación, el cual a través del tiempo se ha convertido en un destructivo hábito, además de ser ajeno y pertenecer a otros, lo cual naturalmente no nos pertenece. Para diseñar un mundo interior mejor, todo lo que debemos hacer es cambiar la manera en la que percibimos la vida. Actualmente vemos, y es muy común, cómo mucha gente tiende a preocuparse totalmente por su incierto porvenir, lo cual no es nada bueno para ellos. La preocupación excesiva termina por convertirse en un enorme y poderoso imán que atrae a todo aquello que nos preocupa, termina por atraer a todo aquello que realmente no se quiere, pero que conscientemente o inconscientemente se creó. Tenemos que entender que siempre somos nosotros los creadores de las circunstancias; somos nosotros los únicos forjadores de nuestras propias vidas y experiencias. De acuerdo con esta inmutable verdad, ciertamente todo cuanto sucede y todo lo que experimentamos en el presente ha sido creado y decidido en algún momento por nosotros, ya sea consciente o inconscientemente, en cada ciclo de nuestra existencia.

Nada sucede por casualidad, cada vez que decimos que algo casualmente sucede, en realidad no es más que una situación que vivimos porque de alguna manera la hemos creado nosotros en algún momento.

Nosotros como seres únicos e individuales estamos fuertemente influenciados por ciertos eventos, y por ciertas personas que nos han enseñado ciertos patrones y creencias que a lo largo de nuestras vidas los hemos aceptado como verdaderos y reales; debemos decidir de ahora en adelante lo que es verdadero y bueno para nosotros y lo que es falso y malo para nosotros. Este será un nuevo comienzo de un nuevo y mejor ciclo; será el equivalente a morir y renacer. También es válido recordar que todo aquello que uno decida experimentar de ahora en adelante resulte de nuestra total elección en el presente, el cual es el único momento que existe.

Jamás deberíamos olvidar que el libre albedrío es la oportunidad que se nos da de elegir cualquier cosa que deseemos vivir y experimentar en nuestro presente, y nuestra manera de ser, actuar y de percibir la vida. Es así como tomamos el control de nuestras maravillosas vidas.

Existe otra gran verdad, una que es tan majestuosa como las otras, y va tomada de la mano con esta anterior; ésta es la causa y el efecto.

Podemos aprender de ésta que cualquier acción, ya sea buena o mala, genera una reacción, una fuerza de energía que tarde o temprano regresará a nosotros de la misma manera. En otras palabras, recibimos lo que damos y cosechamos lo que sembramos.

Es muy cierto, que si anhelamos cosas buenas para nuestras vidas, si queremos alcanzar felicidad y prosperidad en nuestras vidas, entonces tenemos que aprender a sembrar las semillas de felicidad y prosperidad, así, el resultado será la cosecha de más felicidad y prosperidad.

Sabemos que todo lo que estamos actualmente viviendo es el resultado de las decisiones que hemos hecho y de las semillas que decidimos sembrar en el pasado.

Es difícil de creer que muchos de nosotros elegimos nuestras experiencias de manera inconsciente, de esa manera, no somos conscientes de que estamos situados frente a un incontable número de posibilidades y opciones. Si tan sólo pudiéramos detenernos un momento y observar a las opciones que hemos decidido tomar, el simple hecho de convertirnos en los espectadores de tales elecciones nos mostrará cuán limitados hemos estado respecto a nuestro poder personal de elección; claramente veremos el herrado proceso de elección que ha habitado en nuestro subconsciente durante mucho tiempo, y el simple hecho de hacerlo nos otorgaría un gran poder de decisión antes desconocido. Cuanta más conciencia demos a nuestras decisiones, más podremos escoger aquellas opciones que sean las correctas para lograr nuestros propósitos.

Como seres humanos, sabemos que todo el mal, o todo el bien, que hemos realizado en algún momento regresará hacia nosotros, como un boomerang que en algún momento tiene que regresar. Como ya has podido ver, Marú, la manera más rápida de encontrar respuestas a los conflictos internos y a los conflictos externos en los que nos encontramos viviendo es formulando preguntas a nuestro yo superior interno. El ser que poseemos todos nosotros en nuestro interior, pero lo hemos olvidado parcial o totalmente intentando buscarlo en otros lugares, talvez lejanos, donde es más que probable que no esté.

Existe además una verdad, una muy importante, tanto que sin ella talvez no existiríamos; o si lo hiciéramos, careceríamos de alma propia y seríamos algo parecido a un zombi. Ésta es la singularidad.

Gracias a la singularidad, podemos claramente observar que todas las personas, todos y cada uno de los seres humanos, somos de la manera más increíble seres totalmente auténticos.

Debes saber, Marú, que bajo ninguna circunstancia cualquiera que sea, nadie es igual a nadie. Incluso con la inimaginable cantidad de billones de células por las que estamos compuestos, cada célula es totalmente diferente y única. Así como montones de células se agrupan formando órganos vitales, que a su vez forman un cuerpo, que forma a una persona singular, esa persona podrá tener ciertas características, como cabellos, ojos, extremidades, y comportamientos similares a los que posee toda la raza humana, pero es inútil pensar que algún ser podría ser igual a otro ser. Cada humano es totalmente diferente a cualquier otro humano; jamás habrá alguien que sea igual a ti. Incluso en el caso de los gemelos, a pesar de que son físicamente iguales, uno es totalmente diferente al otro; jamás nadie será igual a nadie.

Cada individuo es único, además es el equivalente a un mundo aparte; es así como lo demuestran las huellas digitales y el ADN, nunca jamás podría haber dos iguales. De la misma forma, las partículas que conforman cada parte del universo entero, a pesar de tener la misma composición biológica, no son para nada iguales; así como los humanos tienen su identidad propia, un planeta jamás será igual a otro planeta—talvez sea parecido, pero nunca igual. Es por eso que muchos científicos niegan la existencia de vida en otros planetas, aunque es claro que la hay, pero de una manera totalmente diferente a la que percibimos, conocemos, e imaginamos.

A pesar de que las plantas de la misma familia y especie aparenten ser iguales, ninguna crece ni se desarrolla como las otras. Cada una tiene su propia manera de ser, de desarrollarse, y de crecer—algunas mejor que otras.

Es una ironía que en nuestro mundo se haya creado leyes que pretendan que todos sean iguales a todos, que todos posean lo mismo que todos, cuando somos y tenemos capacidades y características diferentes entre todos nosotros. Si vemos tal cosa de una manera objetiva, claramente podríamos detectar que eso es un crimen a nuestra naturaleza y a nuestra evolución personal.

Rigiéndonos por esta verdad vital de singularidad, es difícil de creer que ciertos mandatarios y gobernantes hayan decidido matar la vitalidad y la singularidad de las personas sometiéndolos al comunismo, esclavizándolos física y mentalmente a ese régimen tan egoísta y tan en contra de la evolución natural.

Si es que hay algo muy cierto, es que muchas personas son más capaces que otras, y muchas son más evolucionadas que otras, y por lo tanto, unas tienen más poder económico que otras. El pretender que todos sean iguales, actúen por igual y posean por igual equivale a cortar las alas a un ave, quitándole su derecho individual de volar y de vivir. Pretender aquello, sería el equivalente al caos que generaría el encerrar juntos a un perro, a un gato y a un ratón.

Cada ser humano debiera expresar la singularidad, no la similitud, la singularidad es nuestra verdadera naturaleza. Venimos a este mundo a expresarnos como seres únicos y auténticos. El mundo entero sería más feliz, mucho más feliz, si en verdad se lograra reconocer de una manera plena a la singularidad y la libertad total que poseen todas y cada una de las cosas presentes en la maravillosa creación del universo y de la vida misma.

Ya es hora de que se aprenda a vivir, a compartir, y a respetar a todo y a todos basándonos en la singularidad, aceptando y respetando todas las diferencias que nos hacen únicos a unos y a otros en este magnifico mundo.

ʃʃʃ

Pasaron tres días desde que Christian decidió compartir conmigo todo el conocimiento y las verdades del funcionamiento natural de la vida, y todo aquello que mueve a todo cuanto existe en este vasto universo.

Creo ahora comprender de una manera un poco más clara y cabal, la razón por la cual estamos como actualmente estamos. Resulta triste el hecho de pensar que estamos mal, muy mal, porque no somos conscientes del bien y de las cosas buenas que nos están esperando a la vuelta de la esquina—por andar corriendo por la vida preocupados, estresados, siempre esperando que ocurra lo peor. Pero es aún más triste el saber que debido a nuestra actual formación y conocimiento, a pesar de que nos encontráramos frente a frente con el bien, no lo reconoceríamos y terminaríamos por dejarlo atrás e ignorarlo. Y todo aquello debido a que conocemos muy poco, pero muy poco, acerca de la razón y el porqué del funcionamiento de las cosas. Además, desconocemos el maravilloso proceso de la vida y sus majestuosas leyes.

Pero lo cierto es que desconocemos todo cuanto nos rodea y la manera en que funciona con relación a nosotros, por el hecho de que simplemente nos han privado de ver ciertas cosas que siempre han estado ahí desde los inicios, que forman parte de nosotros mismos y de nuestra existencia. Estamos como estamos porque decidimos nadar en contra de la corriente natural de la vida, aceptando estilos de vidas y obligaciones que naturalmente no nos corresponden.

Cuando seamos capaces de levantar el velo que cubre y oculta a la vida, recién ahí detectaremos que en realidad la vida es mucho más extensa de lo que la percibimos. Pero no hemos sido capaces de verla así, al contrario, hemos decidido percibirla como un camino trillado y lleno de espinas. Tales espinas que una vez fueron plantadas por las erróneas acciones en el pasado, por las malas decisiones de nuestros ancestros, y por la incapacidad de elegir otro camino—uno de esos tantos caminos libres de espinas que existen. No los elegimos por el hecho de ser incapaces de verlos, y peor aún, porque como simples humanos de carne y hueso, como nos han denominado y considerado hasta ahora, tenemos miedo a explorarlos y transitarlos, o porque tememos de una manera muy intensa al cambio y a las cosas nuevas y diferentes.

Todo ese tiempo que pasé compartiendo y conversando con Christian, esos tres mágicos días de conocimiento y observación, en esos días he llegado a percibir una diferente manera de "ingerir vida" consumiendo ciertos alimentos vitales que con todo su esplendor la tierra nos ofrece. Aprendí también a tener pensamientos nuevos y positivos, porque no hay duda que todo, absolutamente todo, puede ser creado, construido, y magnificado a partir de un simple pensamiento. Aprendí, en otras palabras, a conocer y a mirar a la vida tal y como realmente es.

Todo ese tiempo ha llegado a ser un gran regalo para mí, un regalo que se me ha dado. Este ha sido el mejor y más útil regalo de todos: el regalo de conocer que poseemos y somos los amos de nuestra vida, una vida plena y libre.

Todo este tiempo lo he pasado haciendo algo que hace mucho tiempo olvidé: lo he pasado observando el maravilloso firmamento que existe encima de nosotros, tratando de descifrar todos sus grandes misterios presentes ante nuestros ojos, observando a la naturaleza de todo cuanto nos rodea, observando a las plantas y sus ciclos, entendiendo que en realidad no son para nada diferentes a los nuestros, observando a la tierra y su capacidad de hacer crecer todo cuanto en ella se siembra, observando el día y la noche, observando la luna, el sol, y las infinitas estrellas, tratando de descifrar la razón por la cual causan ciertos efectos sobre nosotros.

Todas esas vivencias y todas las cosas que hasta ahora me han pasado se han convertido en las mejores cosas que pudieron pasarme y que he podido elegir vivir alguna vez.

Si tan sólo pudiera surgir dentro de nosotros el deseo de dedicar un mayor tiempo a observar lo que hay a nuestro alrededor, estoy segura, muy segura, de que muchas cosas dejarían de ser un misterio tan grande e inexplicable para nosotros como lo es actualmente, de esa manera podríamos percibir la vida de una mejor manera y como en realidad es. Esa sería la principal razón por la cual podríamos dejar de transitar esos caminos equivocados los cuales decidimos transitar, como muchos lo hemos hecho, siguiendo ejemplos ajenos y eternamente repitiendo los errores pasados, caminando por la vida como zombis, tan distraídos y preocupados más por el hecho de tener que sobrellevar las circunstancias de la vida, que por tener que vivirla plenamente.

Siento que no solamente puedo llegar a apreciar la magnífica enseñanza de Christian y el valor de su desinteresada amistad. También me siento llena de orgullo al saber que el sentimiento es recíproco, que Christian también se siente feliz de tener a una Marú agradecida y totalmente dispuesta a escucharle y aprender más cosas de él.

$$\int\int\int$$

Los ojos de Christian no paraban de brillar y de transmitir alegría. Ellos parecían sonreír junto a todo su cuerpo, como si hasta la más diminuta célula dentro de él estuviese sonriente y llena de felicidad, mientras me contaba las más increíbles cosas que yo jamás habría podido de alguien escuchar.

Christian sonrientemente me decía:

Verás Marú, éstas son sólo algunas de las verdades más importantes por medio de las cuales el universo y todo aquello que éste posee se rigen y funcionan armoniosamente día tras día, por siempre.

Si tan sólo pudiésemos llegar a superar y a trascender la insignificante manera actual de vivir, siempre apurados y estresados, correteando por la vida de un lado para otro. Si tan sólo nos detuviéramos un instante, podríamos determinar que con sólo observar a todo aquello que sucede ante nosotros, descubriríamos muchas otras leyes universales, leyes que rigen al universo y a todos los seres humanos como pequeños universos que somos—aunque más a unos que a otros, claro está.

Es así, como el universo es el equivalente a una maravilla única, maravilla que posee ciertas verdades. De igual manera, cada humano es igualmente una maravilla y es único, con sus propias verdades personales, mediante las cuales funciona plenamente.

Desde hace mucho tiempo atrás miramos hacia arriba, miramos hacia el cielo y no vemos más que un montón de estrellas y destellos; sólo observamos, y nada más. La verdad es que si pudiéramos ser capaces de ver más allá del simple cielo estrellado que nos cubre, si lo hiciéramos con la mente abierta y receptiva, podríamos llegar a revelar por nosotros mismos el gran misterio del universo que desconocemos y que se oculta detrás de todo ese manto estrellado que tenemos encima de todos nosotros.

Como has podido ver, Marú, desde hace mucho tiempo tenemos un temor inculcado en todos y en cada uno de nosotros: el temor a la muerte, cuando la muerte como tal no existe en realidad. La manera en que hemos percibido a la muerte no pasa de ser un cuento, que nos lo han relatado de una manera mística e increíblemente maravillosa, cuando en realidad tal muerte no es otra cosa que el equivalente a una nueva vida, el comienzo de un nuevo ciclo. Debes saber que la vida sigue y sigue para siempre; sólo percibimos el continuo cambiar de forma de la vida.

Es una ironía el hecho de que hayamos sido crédulos ante la voluntad de alguien más, y peor aún, haberla llamado "La historia de la vida". ¿Qué sería de nosotros, qué rumbo tomaríamos si de repente desaprenderíamos todo lo aprendido acerca de las costumbres humanas y de nuestros miedos, del infierno y los demonios entre otros, y nos dedicáramos a escuchar, a observar, simplemente a observar? ¿Cuánto más y mejor podríamos llegar a aprender? ¿Qué cosas llegaríamos a comprender en ese intento? ¿Qué clase de seres superiores serían las nuevas generaciones, si al contrario de enseñarles los mismos errores cometidos en el pasado, en un afán de evitar repetir el pasado, los dejaríamos libres correr por la vida, dejándolos *descubrir nuestro mágico mundo, dejándolos desarrollar sus instintos naturales y por ende su verdadera naturaleza? Lo cierto, Marú, es que esa sería la única manera de ser capaces de ver con nuestros propios ojos, y posiblemente por primera vez en nuestras vidas, el verdadero significado de la naturaleza humana.*

El pasado no tiene ningún poder sobre nosotros, ni lo tendrá, no importa durante cuánto tiempo hayamos sido victimas del pasado, no importa durante cuánto tiempo hayamos sido arrastrados por éste, no importa durante cuánto tiempo hayamos vivido fuertemente enraizados al pasado. Todo esto no es otra cosa que mera ignorancia, puesto adoptamos ciertos conocimientos y un cierto patrón de vida desde el nacimiento y dependemos de ellos por el resto de nuestras vidas.

Si existe algo muy cierto, es que aún somos jóvenes en la evolución humana, estamos recién comenzando a aprender y a vivir tanto experiencias humanas como espirituales.

Ahora que sabemos un poco más, conocemos que no sólo el origen de la vida misma está gobernada por ciertas verdades, leyes, y principios naturales, los cuales día a día vemos presentes en la naturaleza, en nuestro diario vivir, y a lo largo de nuestra existencia. Gracias a esas leyes, se formó la primera estrella, y desde entonces tales leyes han gobernado la expansión del universo, las galaxias, los planetas, todos los seres, y todo lo que actualmente conocemos.

El universo no sólo ha llegado a ser un gran enigma, un gran misterio encerrado en alguna parte—éste es más grande y extenso de lo que puedes imaginar. Lo cierto es que existen más cosas allá afuera en el universo que alguna vez nuestra estrecha mente haya pensado, siquiera imaginado. De la misma manera, todas aquellas cosas misteriosas existen aquí en la Tierra, pero no las hemos podido ver por el hecho de andar corriendo por allí, llevando una pesada carga de percepción errada. A todas esas cosas sólo las podremos ver cuando llegue el momento correcto y cuando dejemos de percibir las cosas con simples ojos mundanos.

El día en que la humanidad sea capaz de ver las cosas con los verdaderos ojos, que son la razón y el amor, y cerrar de una manera permanente y definitiva nuestros ojos mundanos, que son la acumulada percepción errada de las cosas, ese día sería el equivalente a pasar la hoja del gran libro de la vida y leer un nuevo capítulo en la historia de la creación.

Abriendo nuestros verdaderos ojos, veremos que el universo es el reflejo de la eternidad, de la belleza, y la maravilla, y que nuestro planeta no es más que su análogo. La Tierra es un lugar increíble, lleno de maravillosas cosas jamás imaginables, cosas que están y siempre han estado ahí, frente a todos nosotros. Pero, ¿cómo pretendemos entender el universo, conocerlo, y conocer a las cosas que existen y suceden afuera de él, si ni siquiera sabemos y conocemos lo que hay dentro de nuestro propio planeta? ¿Cómo queremos conquistar y descubrir todas las bondades y maravillas del universo si ni siquiera hemos podido conocernos y conquistarnos nosotros mismos?

De la misma manera como cuando levantamos los ojos al cielo y vemos el brillante y extenso firmamento, de una manera idéntica, si buscásemos bajo lo más profundo de la tierra, encontraríamos las cosas más hermosas que nuestros ojos hayan podido ver, desde los cristales y minerales más preciosos y brillantes hasta maravillas innombrables e inimaginables existentes. Si tan sólo intentásemos vernos a nosotros mismos, si tan sólo pudiéramos ver dentro de nuestros cuerpos qué es lo que ahí reside, sería el equivalente a ser los espectadores de las cosas más bellas, maravillosas, y jamás imaginadas por nuestra estrecha mente. Veríamos, además, Marú, que cada órgano de nuestro cuerpo contiene dentro de sí a un universo, un pequeño universo donde cada célula y partícula, con todas sus armoniosas funciones, no es otra cosa que el equivalente a diminutos mundos internos, que forman parte del gran universo que es nuestro cuerpo como un todo, creando cada día nuevas células cargadas de vida, y sobre todo, nuevos universos dentro de nuestros maravillosos cuerpos.

Ocurre así, Marú: Cuando sentimos amor, paz y felicidad, la porción más diminuta de cada una de nuestras células siente lo mismo, creando más vida, más amor, más paz y más felicidad. Nuestros procesos vitales están en sincronía con nuestros sentimientos. Es por eso, cuando tenemos *malos pensamientos y poca voluntad de vivir, no hacemos otra cosa que enfermar a cada una de nuestras células, atormentándolas hasta lograr crear enfermedades, muchas veces irreversibles e incurables.*

Desde hace muchos años atrás, muchos científicos crearon telescopios, satélites, y otros objetos espaciales de largo alcance para llegar a descubrir y comprender el funcionamiento cabal del universo. Podrán pasar cientos de años más y seguirán en lo mismo, siempre estarán en la etapa de descubrimiento, descubriendo nuevos procesos espaciales, nuevos planetas, nuevas estrellas, galaxias, ciclos y cosas extrañas que suceden en el espacio. Pero lo cierto es que el universo no puede ser totalmente descubierto; siempre estará en un constante estado de cambio, creciendo, expandiéndose, y evolucionando. Se iluminará, oscurecerá, y pasará de un ciclo a otro, una y otra vez. Podemos decir que lo que fue ayer ya no lo es hoy y no volverá a serlo de nuevo.

Pero cuando llegue el día en que se decida crear súper microscopios, equivalentes a los súper satélites, se decida explorar y entender el funcionamiento interno del cuerpo humano, ese día descubrirán que el cuerpo humano es lo más parecido al universo, descubrirán que es análogo al universo. Además verán que funciona igual y tal cual como lo hace el gran y misterioso universo. Verán que éste está en constante cambio y transformación. Verán que cada día crece, cada día se expande, cada día evoluciona, y cada día suceden nuevas cosas dentro de él.

Si nos dedicásemos a estudiar una célula y su interacción con los órganos vitales, con la sangre, los tejidos, y con todo lo que forma el majestuoso cuerpo humano, descubriríamos de una manera sorprendente que los mismos procesos que ocurren dentro de nuestros órganos y células ocurren del mismo modo en el universo y en los planetas; de la misma manera en que el cuerpo humano se desarrolla y se expande, lo hace el universo.

Así como hay millones de células y partículas dentro de nuestros cuerpos, hay galaxias y planetas allá afuera en el gran universo.

¿Sabes, Marú? Si pudiéramos abrir un poquito más los ojos y ver las cosas con mayor claridad, notaríamos que el 90 por ciento de nuestro

cuerpo es espacio, tal como lo es el universo. Lo que quiero decirte con todo esto, Marú, es que todos los universos se corresponden entre sí; quiero decirte que las funciones de nuestros cuerpos son análogas a las funciones del universo, y ¿sabes por qué? Lo es porque de una manera misteriosa e increíble: nuestro cuerpo es un universo, el cual se mueve y funciona dentro de otro gran universo, porque cada una de nuestras células es el equivalente a un mundo. Si creáramos un microscopio muy potente, podríamos observar lo mismo que observan los astronautas cuando están en la luna y miran hacia nuestro planeta.

Cada pequeña célula es el equivalente a un planeta, cada órgano del cuerpo equivale a una galaxia, y el universo no es más que un cuerpo.

Un cuerpo está dentro de un planeta, un planeta está dentro de un sistema, un sistema dentro del universo, y esto nunca acaba. Es así como todo es el equivalente a todo, es así como todo pertenece a todo y todo está contenido dentro de todo. ¿Es que estoy mareándote, Marú?

¡Oh mi Dios! Todo eso es un poco difícil de asimilar, de comprender de una manera cabal, y que tal manera no sea una razón de contradicción a nuestros conocimientos actuales, a nuestros conocimientos tradicionales, a todo aquello que nos han enseñado hasta el día de hoy. Hasta ahora, todo cuanto creímos saber acerca del funcionamiento de las cosas, de lo que somos, de lo que hay afuera, de lo que poseemos por dentro, y de lo que estamos compuestos fue basado en cierta forma en lo ignorantes que fuimos. Es posible que todo ello que nos enseñaron pueda reducirse a una simple suposición, puesto que en las cuestiones del funcionamiento de las cosas, nadie puede tener la palabra final, puesto que siempre se descubrirán cosas que podrían dar un giro de 360 grados a nuestro precario conocimiento y a la comprensión actual de las cosas.

Decido inquirir un poco más en el tema, y como nuestra naturaleza humana es muy curiosa, deseo saber más; deseo explorar más en todo cuanto se refiere a la vida. Decido preguntarle más y más cosas a

Christian. Deseo de una vez por todas quitarme las dudas de encima, entonces pregunto:

"Dime Christian, ¿cómo es eso de que todo es equivalente a todo y análogo entre sí? ¿Cómo es que nuestro cuerpo es en cierta forma equivalente a un pequeño universo? ¿Cómo es eso de que una célula es equivalente a un pequeño mundo? ¿Tratas de decirme que nuestro mundo, todo lo que lo rodea y todos nosotros, estamos en realidad dentro de un cuerpo? ¿Es que todo aquello cuanto conforma el infinito universo no es más que una porción interna de un cuerpo?"

A lo que Christian me responde:

Talvez sea un tanto difícil de creer y de aceptar las cosas basándonos en nuestros condicionamientos pasados y en nuestro actual conocimiento, Marú, pero en cierto modo, sí es así. Nosotros no sólo estamos dentro, sino que estamos al mismo tiempo formando parte de un gran cuerpo universal, un cuerpo universal que piensa y crece, se manifiesta y evoluciona constantemente, tal como lo hace nuestro cuerpo físico y todos y cada uno de nosotros. Estamos aquí para realizar el más importante de los procesos; estamos aquí para dar vida y crear continuamente a ese cuerpo. Además, somos tan importantes para éste, como éste lo es para nosotros.

Cuando cada una de nuestras células realice armoniosamente sus funciones, nuestro cuerpo cambiará y evolucionará. Cuando nuestro cuerpo cambie y evolucione, nosotros cambiaremos y evolucionaremos; cuando nosotros cambiemos y evolucionemos como individuos, nuestro mundo cambiará y evolucionará; tan pronto nuestro mundo cambie y evolucione, el cuerpo universal cambiará y evolucionará de una manera súper increíble y armoniosamente perfecta y bella.

Verás, que las cosas son más simples de lo que podríamos percibirlas con nuestros sentidos y con nuestra precaria manera de ver la vida y las cosas. Además, con nuestros ojos humanos complicados, por medio de los cuales vemos las cosas más simples como nudos atados dentro de otros nudos. Lo cierto es que todo es más simple cuando se miran las cosas desde afuera de una manera natural y simple, como el proceso natural que es la vida misma. Es así como todo sucede de la manera en que todo sucede, porque todo lo que sucede no es más que el complemento de todo lo que está actualmente sucediendo.

De tal manera, debes saber, Marú, cuando se poseen malas actitudes, se toman malas decisiones, se realizan malas acciones, y se tienen malos pensamientos. No hacemos otra cosa que envenenar, dañar, y destruir a nuestras células, creando así malestares en nuestros cuerpos, para luego como un espejo reflejarlos externamente en nuestras vidas. De una manera análoga, además de haber contaminado, separado y destruido parcialmente nuestro planeta, entonces, ¿te das cuenta de lo que estamos causando al actuar erradamente en el cuerpo universal? Pues, la verdad es que todo ocurre acorde a todo lo demás, y el hecho de dañar a nuestro planeta, daña en cierta forma al cuerpo universal, así como una célula contaminada con algún malicioso virus, causa daños considerables a nuestros órganos y estos a nuestro cuerpo físico.

Creo que ahora tenemos las cosas un poco más claras acerca de todo, y hemos podido llegar a determinar, además, las consecuencias del maltrato innecesario y dañino de nosotros mismos, hacia nosotros mismos y nuestros propios cuerpos y sistemas. Ahora podemos ver con más claridad que si enfermamos a nuestro cuerpo con un cúmulo de malos sentimientos y malas e inútiles acciones, no haremos otra cosa que poner a nuestros pequeños universos celulares en el más vil de los infiernos creados por nosotros mismos.

Todo este tiempo lo hemos pasado creyendo que sabemos lo que es vivir y cómo hay que hacerlo. Todo este tiempo hemos juzgado el significado de la vida y el porqué de ella—cuando en realidad no hemos hecho otra cosa, y hemos actuado en cierta forma, limitados y condicionados por una barrera imaginaria creada por nosotros mismos, tal y como lo hemos estado haciendo incluso en estos tiempos actuales, tal y como nos enseñaron y nos dijeron alguna vez que funcionan las cosas.

Fuimos crédulos y aceptamos los pensamientos de otros como si fueran nuestros, puesto que no fuimos capaces de ver todo este tiempo *que todo funciona de un determinado modo, cuando en realidad, lo que es natural y lo que es verdadero ha estado siempre frente a frente ante nosotros, tan cerca y tan fuera de nuestro alcance al mismo tiempo.*

Y todo eso debido a la manipulada y dirigida percepción que hemos tenido de las cosas y de su total funcionamiento, cuando lo único que debimos hacer fue tan sólo observar, simplemente observar a la naturaleza y a todo lo que en ella crece, observar cómo todo en ella naturalmente vive sin intervención externa.

Tan sólo observa a una flor, Marú. Obsérvala detenidamente y verás cómo ella te dará la respuesta. Verás que nace, crece, florece, y muere, teniendo dentro de sí la semilla para una nueva vida. Notarás además que es necesario podar y cortar las plantas y los árboles constante y permanentemente; es necesario cortar todas las ramas viejas para que así nuevas y mejores ramas se desarrollen, den frutos, y crezcan más hermosas y fuertes que las anteriores. Observa también que tanto las plantas y los árboles que son tratados con amor terminan por ponerse más y más hermosos y crecen mejor.

Es así como todas las cosas funcionan de una manera análoga a todas las cosas, y todas las cosas pequeñas y grandes no tienen grandes diferencias entre ellas. Todo es lo mismo, exceptuando su escala. Todo es lo mismo, y verás que en ellas sólo varían los ciclos y las escalas, claro está.

Así es como de una manera análoga a todo. Lo que sucede con las plantas sucede con el universo; además, de la misma manera, los humanos nacemos y morimos, sólo para iniciar un nuevo ciclo. Es así como, al igual que las plantas y los árboles, nos tienen que podar las ideas y los comportamientos viejos y precarios que jamás florecerán, para dar el nacimiento a nuevas ideas que no sólo florecerán, sino que también darán los mejores y más exquisitos frutos. De la misma manera, cuando crecemos rodeados de amor y de los cuidados justos y necesarios, nos expandimos y crecemos mejor, y por ende, tenemos más amor que dar.

En resumen, todo esto nos muestra que todos los humanos, uno a uno, debemos ser constantemente podados de todas aquellas viejas e inservibles manías de una manera constante y permanente, para así, al igual que una gran enredadera, dejar crecer a las nuevas ideas y siempre dar los mejores frutos.

Observa además a los animales, Marú. Observa sus manadas. Observa como todos ellos se comportan de una manera muy peculiar y natural: ellos no obedecen a nada más que a sus instintos y a su vitalidad natural que poseen. En cada manada, existe siempre cierta armonía natural: la razón por la que cada manada tiende a agruparse entre animales semejantes de la misma especie y con las mismas características, donde los animales más fuertes y con mejor genética son los que serán los líderes de la manada. Es curioso, pero de una manera muy natural y a diferencia de nosotros los humanos, ellos saben perfectamente que los débiles son el sinónimo de problemas y degeneración; ellos saben muy bien que la debilidad aún necesita ciclos de evolución y mejora, y es por eso que los alejan de las manadas, dejándolos solos para que puedan así evolucionar y volverse más fuertes, aprendiendo a valerse por ellos mismos.

Eso no significa que los débiles deben morir, sino al contrario, darles un trato especial y diferente, no sobreprotegerlos ni fomentarlos, sino dejarlos solos para que encuentren su propio camino, se conviertan en autosuficientes, y evolucionen por sí mismos, dejando atrás el ciclo innecesario de la debilidad y así poder vivir en un nuevo ciclo de fortaleza que marcará un nuevo comienzo.

Pero, viendo las cosas actualmente, sólo nosotros los humanos sobreprotegiendo a los débiles; dejándoles tomar el poder y dándoles la oportunidad de mandar y de dominar al mundo a su manera. Éste es uno de los factores más decisivos por lo que el mundo actual ha estado tan dañino. Ésa es la razón por la que hay robos, homicidios, mentes terroristas y destructivas—todo eso es obra de la debilidad.

Sólo una mente débil es capaz de crear y de provocar males a sus comunidades, avasallando y quitando lo ajeno, ya que las mentes débiles no son capaces de obtener algo por sí mismos, del mismo modo que los animales débiles son incapaces de cazar su propio alimento y siempre estarán al acecho de una presa cazada por alguien más, perjudicando constantemente a los demás.

Pero ante todo esto, lo cierto es que la culpa al final no la tiene el individuo débil, sino la sociedad que los engendró, los fomentó, los dejó libremente hacer todo aquello cuanto desearon y todo aquello cuanto sus egoístas caprichos mandaron; de esa manera pudieron llegar más allá de ciertos límites por medio de la sobreprotección y el amparo excesivo.

El mejor ejemplo para estos casos son los padres que sobreprotegen a sus hijos e incluso los encubren y hacen de cuenta que nada pasó cuando éstos actúan de manera destructiva. Ellos son cómplices de las banalidades de sus hijos cuando éstos son débiles, pero débiles de mente. Como es sabido, Marú, los débiles no son precisamente débiles de cuerpo, sino que lo son de mente y espíritu; y como todos lo sabemos, un espíritu temeroso es capaz de hacer cualquier cosa, incluso aniquilar todo cuanto le parezca—desde matar, robar, liquidar, saquear y engañar de la peor manera al mundo entero, para así compensar su carencia de fortaleza interna con el exceso de poder, demostrando a todos a fuerza de puñal que es muy fuerte, aunque en realidad por dentro no lo sea.

Viendo las cosas de esta manera, es muy posible que haya sido algún débil y excesivamente protegido quien creó esta temerosa sociedad, poniendo precio y valor a todo y a todos, creando fuentes de poder para dominar y manipular al mundo entero a su manera, deformando la verdad y alejándonos de ella, creando amenazas constantes, creando deidades castigadoras y vengativas para manipularnos y someternos espiritualmente, deidades a quienes estamos obligados desde el nacimiento a someternos a su irrefutable palabra, caso contrario al no estar de acuerdo y cumplir con ciertos mandatos terminaríamos por ser castigados y juzgados de las peores y más viles maneras.

Observa también, Marú, los pequeños cachorros de toda clase y de toda raza. Ninguno de ellos debe estar demasiado tiempo con sus padres, no más que el necesario para aprender, primero a sobrevivir, para luego aprender a vivir solos; de otra manera, serían seres débiles *e incapaces. En el reino de las aves, toda madre enseña a volar a sus polluelos y luego los dejan solos, empujándolos a que se fortalezcan, y así puedan valerse por sí mismos.*

Es triste saber y ver que hasta los animales saben más y mejor que nosotros los humanos que el excesivo paternalismo es el causante de la debilidad e inestabilidad mental, el peor de todos los males. Sin embargo, nadie como los humanos, manteniendo a vagos, criminales, terroristas y asesinos, protegiéndolos cuando en la naturaleza no son más que hiedras venenosas trepadoras. Cuando observamos un jardín por primera vez, vemos que es hermoso, ¡lleno de flores hermosas! Pero una vez que la hierba mala invade y se permite que crezca, entonces observaremos cómo la las flores más hermosas se marchitarán y morirán.

De acuerdo a esto, es válido preguntarnos: ¿Acaso la naturaleza no nos enseña claramente cómo debemos vivir día a día en armonía y total plenitud? Es bastante claro que no existe la muerte, sino la transformación y la mejora constante. Cada semilla nueva es más fuerte, más resistente, y mejor que las anteriores; cada nueva flor es más bella que la anterior; cada animal débil, si no decae en el intento, se convierte en más fuerte cuando ha sido alejado de la manada; por cada estrella vieja que muere y explota nacen miles de estrellas, formando infinitas galaxias y universos.

La vida es demasiado buena y emocionante para estar perdiendo el tiempo preocupándonos por los problemas mundanos, ¿cuándo llegará el día en que lleguemos a comprender esto?

Todos los problemas mundanos son meras creaciones humanas, pero el mundo puede empezar a sentirse tranquilo, porque esta mundana creación pronto llegará a su innegable fin.

Ahora ya sabes, y sabes muy bien, Marú, que todo es en realidad un ciclo, y como todo ciclo, se inició alguna vez, y tendrá que terminar para así poder dar inicio a uno nuevo, y por ende más evolucionado de lo que fue el anterior.

Eso del fin de un ciclo me asusta un poco. Me empieza a recordar al fin de los tiempos o al fin del mundo del que todos hablan y temen, aunque muchos fervientemente lo esperan. Así que decido quitarme otra duda de encima y preguntarle a Christian:

"¿Un innegable fin? ¿Te refieres con eso a que el mundo se va a acabar? ¿Es entonces cierto lo que dicen todas las predicciones y profecías acerca de ello, y que ya estamos a un paso de cruzar por las puertas del fin del mundo? ¿El fin del mundo es en verdad una realidad apocalíptica, y es eso lo que nos espera ahora? ¿Qué nos sucederá entonces?"

A lo que Christian me responde:

Sí, en efecto, Marú, eso es algo innegablemente cierto. El fin de estos tiempos es algo con lo que el universo ha contado desde que fue creado, pero no lo es de la manera como lo concebimos o de la manera como nos lo muestran: "El trágico día del juicio final" eso sólo ocurre en una mala película de terror. Además, ésa es otra forma de manipulación utilizada por los predicadores para ganar seguidores, generando miedo y caos en el mundo con el fin de vender como siempre la salvación, como lo han hecho desde hace siglos, y así encabezar y mantenerse pioneros en la incesante lucha por el poder tal y como siempre lo hicieron.

Debes saber que tanto la vida como el universo, todo lo que ocurre y todo lo que se ha creado dentro de él, se maneja por etapas y por ciclos. Estos ciclos están presentes en todo y en todos. Cada etapa y cada ciclo están regidos por el tiempo, lo que significa que cada ciclo dura cierto tiempo proporcional a su tamaño. Mientras más grande es el ciclo más tiempo dura éste; mientras más pequeño es el ciclo menos tiempo durará. Pero al final, todo llega a ser lo mismo.

Así como el ciclo de las diferentes eras del mundo duran muchos siglos, los años duran 365 días, las estaciones duran tres meses, los meses treinta días, los días veinticuatro horas, las horas minutos, y los minutos segundos. Si tomamos el ejemplo de un día para observar cómo un mini universo evoluciona, veríamos que empieza, amanece, transcurre, atardece y anochece, pero ¿ahí termina todo? ¡No, por supuesto que no!

De ninguna manera es el fin. Lo que en realidad sucede es que ¡amanece de nuevo! Y ¡comienza un día nuevo! Lo mismo ocurre con los meses, los años, y las eras, terminan sólo para volver a comenzar; esto no es más que un ciclo que se repite una y otra vez.

Déjame que te explique una cosa, Marú. Esta era que está a punto de terminar es equivalente a la noche de un día que está en su punto culminante. Entonces, nosotros estamos en el equivalente a la noche de esta era; nos encontramos viviendo en oscuridad y confusión, incapaces de poder ver las cosas con claridad; hemos andado perdidos, cegados, confundidos, y manipulados, como lo hemos estado hasta ahora. La próxima nueva era será como el equivalente al día para la humanidad, donde podremos ver todas las cosas con total claridad; andaremos tranquilos, disfrutando de la luz, de la claridad del día y de la calidez del sol.

El tan temido fin del mundo tal como lo percibimos y lo relatan los predicadores no es la destrucción total, ni es el juicio final. Al contrario, es el equivalente al amanecer ante un nuevo y mejor día, un día claro y lleno de luz.

Así como el ciclo de un día entero está compuesto por el día y la noche, así como el ciclo de un año entero está compuesto por diferentes estaciones de frío y calor, de la misma manera una era completa está compuesta por tendencias parciales dentro de ésta. Éstas son las tendencias masculinas y femeninas.

Como todos los seres humanos, tanto hombres y mujeres tienen sus diferencias y ciclos personales. Las eras parciales tienen de igual manera ciclos característicos, ciclos femeninos y masculinos, y sus diferentes grados entre tales ciclos correspondientes a cada era. Por ejemplo, una era será totalmente masculina, al 100 por ciento masculina; la próxima será parcialmente masculina, es decir masculina en un 50 por ciento; y la siguiente será totalmente femenina, y así sucesivamente, turnándose entre sí y creando un balance perfecto para la vida.

Estamos dejando atrás la era masculina, era en la cual los humanos hemos podido observar y vivir bajo las características más arraigadas de la masculinidad. En esta casi finalizada era, hemos podido observar ciertas características muy masculinas, que van desde las ansias de poder, de dominio, autoridad, inmadurez, entre otras. De manera que, a ciencia cierta, sabremos que nuestra próxima y reticente era tendrá características femeninas, tales como delicadeza, orden, mayor grado de madurez, sensatez, sensibilidad, entre otras.

En la nueva era, lo mejor de todo será que se tendrá la capacidad de concebir y crear, tal como lo hacen las mujeres. Además, debemos comprender que el cuerpo universal es análogo a un cuerpo humano. Así como se determinan las eras masculinas y femeninas, que son el equivalente al día y a la noche, al frío y al calor, el cuerpo universal posee diferentes etapas, etapas de madurez por las cuales un cuerpo humano pasa hasta completar su ciclo de vida.

Nosotros como humanos conocemos todas las etapas de un ciclo de vida; conocemos el nacimiento, la niñez, la juventud, la adultez, y la vejez. Nuestro universo o nuestro cuerpo universal de la misma manera posee estas diferentes etapas de madurez.

Entonces, déjame explicarte mejor: El cuerpo universal tiene diferentes etapas de madurez, cada etapa de madurez está definida como una era, y cada era posee eras parciales, masculinas y femeninas, dentro de ella misma. ¿Qué opinas, Marú?

"¡Vaya!, Christian, eso es magnífico. Eso es algo que jamás hubiera podido llegar a deducir ni en mil años. Entonces, en la etapa de niñez, tanto eras masculinas y eras femeninas enfatizan las características más notables de niños y niñas en cada era; en la etapa de juventud de igual manera hay etapas femeninas y masculinas, donde en cada era se manifiestan con énfasis las características más sobresalientes de los hombres jóvenes y mujeres jóvenes; y así hasta llegar a la etapa adulta y a la etapa de vejez del cuerpo universal.

"Viéndolo las cosas así, entonces, luego de terminar la etapa de vejez, este cuerpo universal no fallecerá, sino que pasará a formar parte de un nuevo ciclo ¿Es eso correcto? ¿Estoy por buen camino?"

Sí, en efecto, Marú, eso es muy correcto. Además, a pesar de que el universo entero tiene millones de años desde su origen hasta ahora, este cuerpo universal aún es muy, muy, pero muy joven. Nuestro cuerpo universal ya pasó por la etapa del nacimiento y por la etapa de la niñez. Ahora estamos en plena finalización de la etapa de niñez y en plena conversión a la etapa de juventud.

El tan comentado fin del mundo no es otra cosa que el fin de la etapa de la niñez, está a punto de iniciar una nueva etapa de madurez y conversión a la etapa de juventud, pero esta vez con características femeninas, características que dominarán en este nuestro nuevo y joven cuerpo universal.

Analizando todo esto, según se han dado las cosas, podemos llegar a deducir que, de acuerdo con la anterior era, la era de la niñez del cuerpo universal corresponde a la etapa en la cual nosotros éramos niños; empezábamos a vivir, a conocer el mundo exterior; caprichosos, egoístas, siempre aprendiendo e imitando el comportamiento que nuestros padres nos enseñaron, aún incapaces de vivir y tomar decisiones por nosotros mismos, y teniendo que ser vigilados constantemente para no herirnos ni meternos en problemas.

De manera que ahora podemos comparar y deducir que en esta nueva era seremos jóvenes y en consecuencia tendremos un mayor sentido de responsabilidad hacia nosotros mismos y hacia la vida. Como jóvenes, empezaremos a forjarnos y a crearnos según nuestros anhelos y deseos propios de vivir según nuestros ideales y sentimientos. Ésta será una era de crecimiento, descubrimiento, y destellos de energía; será una era, no sólo de preguntas, sino de búsqueda de respuestas hacia la verdad, ya no creeremos en los cuentos creados por los adultos para amedrentarnos como lo hicimos siendo aún niños. En esta era, seremos tal cual como una jovencita lo es en la flor de su juventud.

La era que viene, podemos cabalmente deducir, que será una gran era, una era mágica. En esa nueva era, tendremos más facilidad de descubrir quienes somos, por qué estamos aquí, y por qué hacemos lo que hacemos. Cada minuto del día será apreciado, así como cada día seremos capaces de sentir cada rayo de sol que calienta nuestra piel, y por primera vez, nos sentiremos enamorados, tal y como lo hace una dulce jovencita.

A diferencia de la etapa de la niñez, donde tantas rivalidades y diferencias entre hombres y mujeres existieron, como niños a quienes no les gusta estar juntos, tal como cuando éramos niños y vivíamos en la etapa infantil, donde los niños no querían a las niñas, donde los niños jugaban sólo con niños y las niñas sólo con niñas. Al igual que los jóvenes, en esta nueva era, habrá más tolerancia y más contacto entre jovencitos y jovencitas.

En esta nueva era, se nos hará más fácil el vivir, el convivir, y el compartir, y por ende, las sociedades dejarán de ser caprichosas y separatistas, pasarán a ser más racionales. Todos seremos más unidos como buenos amigos, y de esa manera, las decisiones comunes serán tomadas con mayor madurez y sensatez. Además, no estaremos limitados por nada, y sabremos más cosas de las que nos podamos imaginar. Al fin seremos capaces de darnos cuenta de que poseemos un cuerpo que es nuestro, por lo tanto, no lo dañaremos; lo cuidaremos conscientemente, y además lo amaremos.

"Puedo suponer que esta nueva era será una era diferente, Christian. Puedo imaginar todas las maravillosas cosas que sucederán, pero no me puedo imaginar lo que pasará con el mundo y con todo lo que hoy en día conocemos. Que pasará con las leyes, que pasará con la cultura, las costumbres, y las religiones—¿se mantendrán o se perderán? ¿En qué quedarán las normas mundiales que hoy conocemos? ¿Dejaremos de ser quienes somos para convertirnos en personas diferentes?"

Verás Marú, tal como en todas las eras, como en todos los reinos y como en la naturaleza misma, como siempre, alguien debe sobresalir; alguien debe ser el jefe de cada manada y de cada grupo o civilización. En esta nueva era, seremos un poco más sensatos y de una vez por todas dejaríamos atrás eso de que alguien sube al poder buscando "poder", llevando a cabo sus más viles propósitos y abriendo brechas entre humanos, culturas, economías, y países, beneficiándose a sí mismos y dejando a la mayoría en desamparo, siempre manteniendo su naturaleza caprichosa tal como se hizo hasta ahora, como niños encolerizados y encaprichados que buscan obtener algo, llorando, pataleando, y manipulando hasta lograr obtener aquello que tanto quiso su vil ego.

En esta nueva era, te podría asegurar que el nuevo mundo ya no se regirá y gobernará con propósitos egoístas ni con caprichos infantiles, como se lo hizo en esta ya terminante era. Te puedo asegurar que esta vez todas las cosas serán manejadas con más madurez, con mayor responsabilidad y sensatez. En esta nueva era, quienes se hagan cargo de los nuevos cambios y del nuevo orden, serán las personas mentalmente más evolucionadas, quienes puedan llegar a deducir con claridad el perfecto y armonioso funcionamiento y el futuro de las cosas.

Pero, te preguntarás, ¿por qué sólo las personas muy evolucionadas pueden ser capaces de evaluar y de descartar las cosas que en verdad importan de las que no, a diferencia de los demás?

Pues, por que ellos poseen la capacidad de ver el total y el mutuo beneficio de la humanidad entera, y de las cosas que hasta ahora no han hecho más que separarnos y destruirnos como humanidad.

Un zángano jamás podrá gobernar a una colmena, por algo naturalmente existen abejas más evolucionadas y acordes para ello—las abejas reinas.

Un ser evolucionado será aquel capaz de dejar atrás todas las cosas mundanas que no valen el sacrificio de una vida, a las cuales se aferraría un ser con falta de evolución o con inestabilidad evolutiva. Un ser evolucionado predicaría la verdad y nada más que la verdad, en beneficio de todos y cada uno de los seres vivientes, a diferencia de los falsos profetas, o de los seres no evolucionados quienes han deformado totalmente la verdad, distorsionándola con el único objetivo de crear adeptos y seguidores, para ganar poder. Es tarea fácil el detectar a un mentiroso de una persona verdadera. No entiendo el por qué, incluso *hasta ahora, los humanos no hemos sido capaces de revelarnos ante la manipulación y exigir la verdad sobre todas las cosas.*

Es trágico que tengamos que sentarnos a esperar a que algo externo tenga que ocurrir para recién empezar a actuar en consecuencia. ¿Teníamos que esperar hasta ahora, hasta empezar un nuevo día y una nueva era, para recién poder hacer bien las cosas?

Bueno, si existe algo muy cierto, Marú, es que tampoco podemos culpar a nadie por las viles cosas sucedidas a la humanidad, ni siquiera culpar a nuestros padres ni a nuestros ancestros por la ignorancia heredada y transmitida a nosotros, ni a nadie por la ignorancia general a la que hemos estado sometidos y hemos vivido, porque en esta ya terminante era infantil, no hemos sido otra cosa más que niños, y nos hemos comportado como tales. No olvidemos además que los niños pueden ser fácilmente engañados e influenciados por los falsos profetas, entre otros, por egoístas y manipuladores seres humanos no evolucionados tal como lo fuimos en esta era. En la próxima, no lo seremos más, te lo aseguro; ya no seremos tan fácilmente manipulados ni engañados, lo que significa que tendremos la libertad de elegir y decidir. Además, desarrollaremos un criterio propio acerca de las cosas tal y como naturalmente lo son.

Nos facilitará mucho la vida el hecho de saber que la vida misma puede ser descubierta observando las cosas y los comportamientos naturales, como ya lo hemos visto con el ciclo de crecimiento de una flor hasta la observación del ciclo de formación de una estrella. También aprenderemos a vivir en función de las leyes naturales que gobiernan a nuestro cuerpo universal y todo lo que éste contiene, desde galaxias, planetas, hasta llegar a cada ser viviente. No olvides que tales leyes no son nada parecidas ni similares siquiera a las leyes mundanas políticas, sociales, y culturales a las que nos han sometido. Negar lo natural y olvidar las leyes naturales provoca el caos y la confusión a quien las distorsiona y las ignora, terminando por transmitir voluntariamente erradas enseñanzas a los sucesores, creando así la infelicidad y la pobreza en el mundo general y en el mundo individual que cada uno conforma.

Debes de saber, Marú, que así como todo y todos nosotros estamos dentro de un cuerpo universal, y así como cada uno de nosotros es un cuerpo de carne y hueso, si tuviéramos la capacidad de mirar las cosas de una manera introspectiva, podríamos ver que no sólo somos y tenemos funciones iguales al universo, sino que somos un cuerpo universal infinito y posiblemente desconocido para cada una de nuestras células y partículas.

Podríamos llegar a ver a seres diminutos que tratan de vivir y comportarse de cierta manera, que en cierta forma estarían influidos directamente por cada etapa por la cual estaría pasando nuestro cuerpo humano, al que ellos llamarían "universo"; este universo para ellos es el gran cuerpo universal en el cual viven y se manifiestan, de la misma manera que para nosotros lo es este gran y vasto universo que existe fuera de nuestra atmósfera.

Maravillada al conocer algo más de lo cual no tenía idea en absoluto, desde la magnífica adquisición del conocimiento de las leyes que mueven las cosas, hasta el hecho de saber que todo y todos somos complementos de un todo absoluto. Siento felicidad y regocijo al saber que la vida no posee límites, que nada está dicho, que nada puede ser tan rígido como lo fue años y siglos atrás.

Es reconfortante saber que la vida no es el equivalente a un mar lleno de lágrimas, ni a un camino espinado, como me lo enseñó la sociedad actual, sino al contrario, la vida es más, mucho más; es como una eterna cascada que fluye llena de oportunidades y esperanzas. Así que decido preguntarle a Christian:

"Si tuviéramos alguna vez la oportunidad de explorar, y con cierta tecnología pudiéramos llegar a la parte más diminuta de una célula, ¿podríamos ver a seres talvez en constante evolución como nosotros? ¿Es eso lo que tratas de decirme?"

Es totalmente correcto, Marú. Y estoy seguro que, incluso, no sólo encontraríamos diferentes tipos de estilos y comportamientos en cada mini universo, y en cada pequeño mundo celular, sino que podríamos llegar a encontrar un diminuto mundo, muy parecido a nuestro planeta, donde podríamos incluso observar a los seres, sus costumbres, y sus formas de ser y de manifestarse—incluso divisar a un ser que sea algo parecido a ti.

Verás, así como cada célula cumple una determinada función estando en un determinado órgano del cuerpo, y que la función de ese determinado órgano está conectada e interactúa de cierta manera con los demás órganos para manifestarse directamente en el exterior del cuerpo humano, de la misma manera, cada planeta cumple una cierta y determinada función, estando así directamente conectado con su galaxia, para lograr cierto tipo de manifestación en la función del cuerpo universal.

Así como el comportamiento de cada uno de nosotros puede tener cierto efecto en la manifestación del cuerpo universal, de la misma manera cada comportamiento y etapa del cuerpo universal puede tener y causar cierto efecto sobre cada uno de nosotros, sin importar cuán pequeños seamos dentro del gran cuerpo universal, ni cuán inmenso sea éste en relación y proporción a nosotros, aunque seamos el equivalente a un grano de arena en el mar. Igualmente importamos, importamos demasiado como para pensar que no somos nada más que polvo humano, simples humanos de carne y hueso, que no tenemos ni voz ni voto, tal como lo hemos percibido hasta ahora.

Todo este tiempo que pasé en este lugar, en compañía de Christian, aprendiendo algo que jamás pude imaginar, mucho menos lograr con el simple hecho de observar, analizar y concluir, de acuerdo a las cosas más simples que puedan existir en este mundo como el comportamiento de las flores, plantas, animales, y humanos; todo este conocimiento no se reduce a otra cosa más que al conocimiento de la verdad, la verdad de las cosas.

Es curioso observar a Christian, ver como una persona a su edad, puede estar tan solo y al mismo tiempo tan feliz y aparentemente no faltarle nada. Al parecer a Christian no le falta dinero; de hecho lo tiene, siempre lo ha tenido. Él decía que cada vez que le surgía cierta necesidad material y económica, de una u otra manera, simplemente lo obtenía. Con una facilidad extraordinaria, él me comenta que una vez, cuando empezaba a quedarse sin dinero, tuvo un revelador sueño en el cual él apareció danzando con unos números, empezaron en su morada y recorrieron el camino que llegaba hasta la ciudad; una vez en ella, todos los números, tomados de la mano, danzaban alrededor de cierto banco. Cuando despertó, no ignoró aquel sueño ni a esos números; él siguió el camino que ellos le indicaron en sus sueños, al llegar al banco donde los números danzaban, entonces una vendedora de billetes de lotería le ofreció un billete.

Sorprendentemente, el número de aquel billete que le ofreció aquella vendedora tenía el orden correcto de los números danzantes de su sueño. Así que Christian resultó ser el ganador de la lotería, recibiendo una jugosa cantidad de dinero que le ayudaría a vivir bastante tiempo, cómodo y satisfaciendo sus necesidades básicas.

Entre las otras suertes que Christian tuvo fue cuando, en una de sus caminatas dominicales por los alrededores del bosque, tuvo la sensación de que la tierra ardía junto a un viejo árbol. Sintiéndose impulsado a ver que había, desenterró y encontró un pequeño cofrecito antiguo que contenía nada más y nada menos que pepitas de oro, las cuales utilizó sólo en caso de emergencia. De esa manera Christian nunca tuvo que pasar por fríos ni nunca tuvo que dejar de comer.

A pesar de tener la decisión de elegir hacer cualquier cosa, de seguir cualquier tendencia, él tomó la decisión personal de buscar conocimiento y entendimiento de las cosas, aunque como todos, en el comienzo, él también fue un ignorante de la vida e igual tuvo errores y malestares tal como los tenemos todos nosotros. Su inquietud y su ferviente deseo interno de saber, de conocer y de ser más, lo llevó a alejarse de la insatisfacción a través el camino del conocimiento, terminando así en un mejor lugar, con nuevos y mejores descubrimientos, pensamientos, e ideales, aquellos que lo llevaron a conocer los misterios de la vida estudiando a la naturaleza y a sus eternos ciclos, descifrando y revelando muchas de las cosas mundanas que han sido consideradas misterios y tabúes por los humanos a lo largo de la existencia. Así pudo Christian descifrar el gran misterioso y escandaloso "fin del mundo" tan exagerado por los humanos, el cual en realidad no es otra cosa que el fin de nuestra esclavitud y dependencia de nuestra actual errada manera de vivir y de nuestra actual percepción hacia las cosas, para así poder evolucionar y ser capaces de crear una nueva y mejor vida.

Siempre sentiré agradecimiento por Christian, por alguien que ha podido despertar en mí un toque de conocimiento y de verdad hacia algo que yo desconocía en su totalidad.

Aquel gran ser llamado Christian jamás mencionaba su pasado, dónde nació, de dónde venía, ni de su familia, ni de nada, puesto que él decía que, al igual que los ciclos universales, él también pasó de un ciclo no muy bueno, el de su niñez y juventud, para pasar al mejor de todos los ciclos, su actual ciclo, el cual es el equivalente a su mejor momento, a su apogeo, al momento más pleno que ocurrió en cuanto decidió dejar atrás la carencia y la esclavitud mundana creada por otros. Fue sólo así cuando pudo encontrarse y convertirse en lo que ahora es: un magnifico y pleno ser humano y un ser totalmente libre.

Continúo conversando y preguntando cosas y más cosas a Christian, así que comento:

"De la misma manera, Christian, como nuestra era, ya en su etapa final, es el equivalente a la noche, a andar a tientas, a no ver nada más que oscuridad, tropezar, caer y temer, viendo las cosas así, me siento complacida de que esta vez podremos llegar a ser los espectadores del amanecer de una nueva era, pudiendo ahora ver lo que antes estaba fuera de nuestro alcance, lo que no fuimos capaces de ver con claridad".

En esta actual era, a pesar de haber estado viviendo con una mentalidad infantil y caprichosa, todos nosotros tuvimos la opción de cambiar el mundo, la calidad de vida en general, así como la calidad de vida en particular de cada ser viviente que habitase en este planeta, pero tal cosa realmente no importó, la gente siguió viviendo satisfaciendo sus caprichos. Todos los humanos en ciertos momentos de nuestras vidas hemos tenido en las manos el poder de cambiar las cosas. El día en que realmente hubiéramos querido acabar con cualquier tipo de males, ya sea el hambre, la pobreza, las guerras y el sufrimiento, entre otros, entonces ese mismo día habría cesado el hambre, la pobreza, las guerras, y el sufrimiento en el mundo. Todos y cada uno de los humanos hemos tenido toda la capacidad necesaria para actuar en consecuencia. La humanidad entera ha contado desde siempre con todos los recursos para realizar esta y cualquier otra decisión, y si no lo han hecho, fue porque no les importó y decidieron simplemente ignorarlo.

Fuimos nada más y nada menos que nosotros mismos, los humanos, quienes hemos creado y situado las cosas más peligrosas y destructivas en el mundo y hemos eliminado a muchas de las cosas mas importantes para nuestro sano desarrollo, hicimos todo esto voluntariamente sin importar las consecuencias de nuestras acciones.

Tomamos la tecnología y los avances sólo para crear más armas y crear más destrucción, explotando las tierras, la vegetación, y los animales, aún sabiendo que eso es lo único que promueve la vida en nuestro mundo.

Es triste y desalentador ver que cada vez que los humanos innovamos tecnologías, éstas nunca nos benefician, éstas no pueden llegar a crear avance ni evolución, al contrario, nos proporcionan un mayor deseo de destrucción, incluso atentando contra el desarrollo humano natural.

En este mundo, nunca existió cosa más virtuosa, noble, maravillosa y pura que la naturaleza en todo su esplendor, y nunca existió cosa más dañina, cruel, y manipuladora que los seres humanos en todas sus facetas. Es el colmo de maldad de su parte el continuar actualmente *evadiendo cualquier compromiso, incluso cualquier responsabilidad hacia la naturaleza y hacia todas las cosas existentes en nuestro maravilloso mundo, y continuar actuando como si nada hubiese pasado, diciendo que sucede lo que tiene que suceder, quitándonos toda responsabilidad, pretendiendo que eso será suficiente para hacer creer a todos que se está en lo cierto, cuando lo cierto no es otra cosa que una cuestión de tomar una simple decisión, una decisión que simplemente no se ha tomado.*

Nuestro mundo tal y como lo vemos hoy, la Tierra, la naturaleza y nuestras vidas están como están gracias al desacierto en la toma de nuestras decisiones para mejorar el mundo y convertirlo en un mejor lugar.

Es lamentable el hecho de saber que en un determinado momento, hemos enterrado y decidido olvidar todo aquello que nos hace libres y nos convierte en seres únicos y divinos. Para ello hemos creado toda clase de tabúes y toda clase de restricciones que han llegado a dañar nuestra energía vital, aún sabiendo que armonizando, balanceando, y canalizando todo tipo de energías tanto internas y externas podría generarse y expandirse una ola general de bienestar, paz, y armonía, extinguiendo así a los peores males que nos han invadido por tanto tiempo.

En cierta manera, los seres humanos han estado desde siempre enceguecidos, cuando lo único que siempre se ha necesitado es simplemente conversar y ponerse general y mutuamente de acuerdo, pero al igual que niños caprichosos, el ponerse de acuerdo es algo imposible cuando los caprichos son los que dominan por completo a nuestra forma de ser y de actuar. Lo cierto es que ni el mundo ni la naturaleza harán nada por la humanidad que la humanidad no haga por el mundo y por la naturaleza; puesto que el mundo no es otra cosa que aquello que hemos decidido hacer de él. Ahora más que nunca sabemos que el mundo es parte de nosotros, de la misma manera en que nosotros somos parte del mundo. Si el mundo existe y se mueve tal y como lo hace, es porque los seres humanos así lo hemos decidido.

Te preguntarás, Marú, el porqué de la destrucción masiva del mundo, como todas las predicciones lo mencionan, y el énfasis en la manera en que percibimos la destrucción tiene cabida en nuestra aceptación y en nuestro principal tema de conversación. El hecho de que sólo seamos capaces de ver la parte de destrucción, es porque nos han programado para ver y recibir solamente lo peor; preferimos sufrir por la destrucción que claman todas las profecías, y nada más—somos incapaces de escuchar el resto. No escuchamos lo que vendrá después. Es más, ni siquiera sabemos que la profecía completa clama luz y paz luego de tal destrucción.

Pero, si existe algo muy cierto y muy natural, es que para construir se debe destruir. No puedes construir una nueva casa sobre una vieja; debes destruir la vieja para dar paso a la nueva construcción de una flamante casa. En muchos casos, algunas casas no están demasiado viejas ni demasiado dañadas como para tumbarlas y destruirlas totalmente; basta aplicarles unos retoques y arreglos para dejarlas flamantes y hermosas.

Entonces, esa nueva y flamante casa es el equivalente a nuestra nueva y reticente era. Algunos lugares tendrán que ser destruidos, y otros deberán de ser refaccionados y remodelados acorde al nuevo estilo que se podrá ver, sentir y vivir.

Pero, no nos enfoquemos tanto en la destrucción, no nos aturdamos ni nos empapemos en el fin, sino al contrario, abramos los ojos y la mente y enfoquémonos en un nuevo comienzo, en la nueva y venidera era. Se dice que el momento más oscuro llega justo antes de amanecer. Tal cosa ocurre de la misma manera con el amanecer de esta era, porque al final de una de las grandes etapas de evolución del planeta, la humanidad se envilece y degrada, y aunque siempre aparecen ciertos guías, maestros e instructores en cada ciclo, dando una orientación a seguir, simplemente no son tomados en cuenta—continúan con sus vicios, conscientes de sus errores, pero siempre incapaces de tomar la decisión de cambiar.

Tenemos el caso de muchos maestros que han pasado por los diferentes ciclos de esta vida. Con sus palabras y acciones, nos *han comunicado la verdadera sabiduría, pero los hombres las han interpretado de la peor manera, a través del cristal de sus más egoístas intereses. Así es como han surgido un sinfín de innumerables sectas y corrientes religiosas, apoderándose de la percepción de las personas, deformando así la verdad. De esa manera, la mayoría de los seres humanos han pasado toda su vida buscando el modo correcto de rendir culto a ciertas deidades, aunque ese tipo de comportamiento haya sido originalmente concebido por monarcas tiránicos quienes desde siempre han querido someter a la humanidad a sus mandatos. Es inaceptable saber que las personas aún no se han dado cuenta de que tales mandatos no tienen siquiera un parecido a lo que en verdad es Dios.*

Talvez parezca una excusa, pero no se los puede culpar de algo que han ignorado toda su vida, viviendo una vida plena de ignorancia, ya que desde un principio han estado manipulados por los caprichosos cultos de la sociedad, la cual ha estado influenciada por el equivalente a la noche de una era. Actuamos y fuimos tal y cual como las palabras que dijo un sublime maestro, Jesús: "Perdónalos, Dios, porque no saben lo que hacen".

Ya llegará pronto. El momento llegará y la humanidad, evolucionará y madurará en general e individualmente; ya llegará el momento en que dejaremos de ser niños y al fin dejaremos atrás todos esos caprichos y niñerías que hasta ahora nos han perjudicado, para convertirnos en jóvenes y así vivir nuestras propias experiencias y deseos, y de una vez por todas, estar en total paz con el mundo.

El día en que la humanidad llegue a pensar y a actuar consecuentemente, entonces cosas maravillosas sucederán. Por ejemplo, si vivimos en constante búsqueda de la verdad, entonces terminaremos por descubrir a las cosas más maravillosas de la vida; tales estuvieron actualmente ocultas debido a nuestra errada percepción.

Si es que hay una cosa cierta, Marú, es que no hay razón alguna que sea válida para preocuparse y amargarse la vida, porque la vida es un gran ciclo lleno de ciclos más pequeños, además de ser un misterio, y todo misterio está lleno de magia, y maravillas. Si tú, como simple humano, te asustas al ver salir al conejo blanco del sombrero, y si actúas como humano ignorante, tacharás a quien lo hace de mago, de brujo o de hechicero.

La vida es simplemente el reflejo interno de nuestros anhelos, deseos y creencias. Jamás olvidemos que nuestro espíritu es la sumatoria de todas nuestras experiencias, las que voluntariamente hemos elegido vivir. Cuando tengamos la capacidad y la habilidad de de encontrar a todas nuestras piezas, las que hemos dejado olvidadas en algún lugar del camino de nuestras vidas, sólo entonces podremos ser capaces de armarnos como lo que realmente somos.

$$\int\int\int$$

Pasaron en total cinco días, cinco días llenos de maravillas al lado de Christian: días de paz, conocimiento, regocijo, aprendizaje. En esos cinco días, pude ver dentro de mí misma, pude ver una puerta abierta hacia nuevas posibilidades y hacia una nueva vida plena. Aprendí que todo depende del mejor arquitecto y del mejor constructor de caminos y mejores oportunidades—nosotros mismos.

Pero, ¿quién es ese ser llamado Christian? ¿De dónde salió, de dónde vino y cómo llegó a parar en este lugar? No deja de ser un misterio. Él me dice que no importa quién es ni de dónde viene, que no importa lo que vivió antes, puesto que el pasado no es más que un hilo con el que se tejió algo que ha llegado a convertirse en la verdad de su vida, verdad que le ha aportado los mejores días de su existencia en este mundo. Esa verdad que fue el equivalente a despojarse de la venda que le cubría los ojos, así pudo encender la luz de la habitación oscura que tuvo por vida hasta ese momento, y así, comenzó el amanecer de una nueva percepción, de una nueva conciencia de ser y de vivir acorde con el mundo y con las cosas que lo rodean y suceden.

Christian dijo que estaba aquí en estos bosques por una razón muy especial. Me dijo, además, que el nacimiento de algo nuevo y bello que se tendrá la oportunidad de presenciar ocurrirá en este lugar, en este lugar tan olvidado y tan deshabitado, en este lugar que posee las cosas más mágicas y misteriosas que jamás pudimos imaginar. Este lugar será el gran observatorio de las cosas nuevas y mágicas que sucedan, puesto que en este lugar podremos ver la aurora y los primeros rayos de luz de la nueva era que ya viene en camino.

Una vez más agradezco al mundo y a la vida el hecho de que no todo está perdido, como parecía en un principio y en un determinado momento y como alguna vez lo pensamos. Una vez más, agradezco a la vida por engendrar a personas mágicas como Dante y Christian.

Y una vez más, me despido de un nuevo y gran amigo que encontré en mi búsqueda de la verdad de las cosas. Ahora seguiré la línea de mi propia vida, esa línea que todos y cada uno de los seres humano poseemos, pero que por razones de percepción, hemos decidido desecharla y tomar caminos ajenos a nosotros mismos.

Lo cierto es que cada partícula que compone a un ser humano posee cosas que lo hacen totalmente autentico y único. Cada ser posee la habilidad de crear cosas jamás imaginadas por el ojo humano. La capacidad humana es simplemente infinita, la verdad es simplemente asombrosa, la verdad es que todos y cada uno de nosotros somos "universos en el universo".

Continúo caminando, siguiendo el camino de regreso a la ciudad, el que Christian me indicó seguir como el camino más corto; el cual me tomaría menos de un día llegar a una parada de un bus que me llevaría de vuelta a la ciudad.

Mientras camino, pienso y recuerdo cada una de las palabras de Christian—esas nuevas enseñanzas, ideas y concepciones de las cosas, cosas que el mundo entero necesita saber, tal es el hecho de saber que cada ser humano, por más pequeño y desafortunado parezca ser, es el equivalente a un gran e infinito universo en potencia.

Nuevas ideas son las que necesitamos para un nuevo y continuo renacimiento de todo aquello que nos rodea y hacia cada uno de nosotros mismos.

Definitivamente a partir de hoy, mi vida cambió para siempre. En efecto, la vida es mucho más fácil y más tolerable cuando aprendemos a vivirla. A partir de hoy, haré que cada minuto que pasa cuente, valga y sea el mejor minuto; lo tomaré en cuenta como si fuera una vida en miniatura. Reconoceré cada día, que todo aquello que nos rodea, todo aquello que nos conforma, cada célula y cada partícula tienen un gran poder, porque cada una de esas partículas es el equivalente un mundo y cada persona es un universo. Renunciaré a toda limitación en mi vida, puesto que los límites no son otra cosa que barreras imaginarias, puesto que nada puede limitar la acción que cada uno de nosotros como humanos plenos decidamos elegir. Lo cierto es que la vida que nos han enseñado a vivir; no le llega ni a los talones a la verdadera vida ni a la verdadera forma de vivir, la cual hemos desconocido durante siglos.

Continúo con mi camino de regreso, pero esta vez decido recordar el camino de la morada de Christian, para tener la oportunidad de visitarlo nuevamente.

Casi tres horas después de caminar de regreso y subir una gran cuesta que me acorta el camino hacia la parada de un autobús, me detengo para ver lo que está frente a mí. Veo una fila de hermosos cerros nevados que me muestran su más glorioso esplendor. No puedo evitar sentir alegría al reconocer que ese gran cerro nevado que está frente a mí; aquel no es otro que el inconfundible e imponente Illimani.

FIN